VERBORGENE GÄRTEN IN
WIEN

EINBLICKE IN DIE GEHEIME GARTENVIELFALT EINER GROSSSTADT

RUTH WEGERER / FOTOGRAFIERT VON HARALD EISENBERGER

Brandstätter

Zur Erinnerung an PETER PINDOR (1941–1998), Freund, Mentor, Gartenbegleiter. Er, der Gartenliebhaber, warf mit mir zusammen viele begeisterte Blicke in verborgene, unbekannte Gärten unserer Stadt.

INHALT

Einleitung – Die Wiener und die Kultur der Gärten 10 *VERBORGEN HINTER HÄUSERZEILEN* Vom verwilderten Hofgarten zum blühenden Paradies 20 Geordnete Natur in Mariahilf 26 Stadtgarten mit französischem Flair 32 Grenzenloses Grün – gleich hinter der Verkehrshölle 40 Exotische Oase im grauen Hinterhof 46 Der Hof des Architekten 52 *VIELFÄLTIGE DACHLANDSCHAFTEN* Urbaner Dschungel im 3. Stock 60 Grüne Vision mit Weitblick 66 Ein Gärtchen hinter dem Kirchturm 72 Strandgefühle über den Dächern 78 *VERLIEBT IN DIE VERGANGENHEIT* Gelebte Tradition 86 Geliebtes Vermächtnis 94 Garten mit Zukunft 100 Das Wunder hinter der Hecke 106 Formschnitt und Glückseligkeit 112 Biedermeier-Gartenglück 118 *VERSTECKT IN VILLENVIERTELN & WEINGÄRTEN* Dornröschens Garten 126 Verwandlungskünstler 132 Kunstgenuss und Rosenlust 138 Zaubergarten im Weinberg 144 *VARIATIONEN VON KLEINEN GÄRTEN* Exotische Schnittkunst 152 Kleiner Garten – große Leidenschaft 158 Insel der Gartenkultur 166 Englische Romantik im zehnten Bezirk 172 Wenn Wünsche wahr werden 178 *VERWUNSCHENE PARKLANDSCHAFTEN* Ein stiller Garten 186 Die schlafende Schönheit 192 Eiland von vorgestern im Meer von heute 198 Anregungen und Tipps 204 Danksagung 206 Impressum 208

WIEN UND DIE KULTUR DER GÄRTEN

Gärten sind die grüne Lunge, aber auch die Seele einer Stadt. Die Metropole Wien mit ihren ca. 1,7 Millionen Einwohnern ist unübersehbar eine sehr grüne Stadt, umgeben von Weinbergen, dem Wienerwald, Feldern und Gärtnereien an so manchem Stadtrand.

☙

Aber Wien und Gartenkultur? Bei Kultur denkt man in Wien eher an Musik und Theater, Kunst und Architektur, bei Garten an die prachtvollen, öffentlichen Parks und Gärten, die täglich viele Besucher anziehen. Auch in einem kürzlich erschienenen Österreich-Gartenreiseführer, der viele Privatgärten im ganzen Land anführt, findet man unter Wien nur die bekannten und berühmten öffentlichen Anlagen. Die Wiener lieben ihre Parks und vor allem die aus der Monarchie stammenden Gartenanlagen mit ihren in der Historie verharrenden Bepflanzungen, aber ihre eigenen Gärten – leider ist es statistisch nicht festgehalten, wie viel privates Grün über die Stadt verteilt ist – haben es bisher noch zu keiner besonderen Berühmtheit gebracht.

☙

Dabei ist auch in Wien – und das ist ebenso am Zustrom in die Gärtnereien zu merken wie an den vielen Fragen, die ich selbst zu diesem Thema immer wieder gestellt bekomme – das Interesse an den blühenden Freuden, die sich jeder selbst bereiten kann, ein ansteigendes. Für mich als Gärten und meine Stadt sehr liebende Wienerin ist es seit vielen Jahren ganz selbstverständlich, wo immer es nur möglich ist, in begrünte Höfe oder versteckte Winkel zu schauen, um jedes grüne Fleckerl aufzuspüren. Ich spähte in so manche Hauseinfahrten, über Gartenzäune und Mauern, um den grünen Geheimnissen meiner Mitwiener auf die Spur zu kommen. Manchmal genügte schon ein Telefonat oder die Mund-zu-Mund-Propaganda von Gartenfreunden, um Informationen über gelungene Gartenschöpfungen zu erhalten.

☙

Und tatsächlich – es gibt es wirklich, das grüne, kreativ blühende, private Wien! In engen, dunklen Gassen, hinter abweisenden Häuserzeilen, in den Innen- und in den Außenbezirken, mitten im Verkehrsgewühl, in noblen und weniger noblen Gegenden, an den

Stadträndern und mitten im Zentrum. Gut erhaltene, gepflegte Gärten der Vergangenheit habe ich gefunden und ganz individuelle Gärten von heute, Gärten in engen Hinterhöfen und hoch über den Dächern. Kleine Gärten in Grünbezirken und große Gärten im Stadtgebiet, Gärten, Gärten, Gärten! Was in diesem Bildband zu sehen ist, ist natürlich nur ein Bruchteil unserer gärtnerischen Realität, mit der man mehrere Bände füllen könnte.

೧೧

Gärten (und Rehhügel) gibt es in Wien wahrscheinlich schon seit den Römern, auf jeden Fall seit dem Mittelalter. Die heute noch sichtbaren Spuren der Vergangenheit stammen großteils aus Barock und Biedermeier, aus dem Jugendstil und der Zwischenkriegszeit. In den 1950er-Jahren erwachte offenbar die Sehnsucht nach Wald und Wiese: Wahrscheinlich gibt es nirgendwo so viele Fichten, Tannen und andere Nadelbäume wie in Wiener Gärten. Besonders in kleinen Gärten zeugen riesige Schattenspender von der Liebe zum Nadelwald! Doch dann erwachte die Reiselust, die so manchen Wiener nach England oder Frankreich führte. Die Begegnung mit dem Phänomen der lebendigen Gartenkultur erweckte hier bei uns eine neue Gartenlust zum Leben. Und sie ist sehr vielfältig, diese Wiener Gartenlust.

೧೧

Das wollten wir zeigen mit diesem Bildband, einen Rundgang machen durch das gärtnerisch erwachte Wien, in dem Historie, Individualität, Kreativität und die spezielle Wiener Eigenart miteinander verschmelzen – das Ergebnis hat uns viel Freude gemacht!

Viel Vergnügen bei Ihrem Wiener Gartenspaziergang wünscht

Ruth Wegerer

KAPITEL 1

VERBORGEN HINTER HÄUSERZEILEN

Eine Großstadt wirkt immer ein wenig wie ein Moloch – alles verschlingend und von dauerhaftem Lärmpegel begleitet. Umso mehr überraschen, geradezu verblüffen die erstaunlichen Gärten, die diese Stadt vor neugierigen Augen verbirgt, den Suchenden, den Besucher.

Als Beispiel für versteckte Privatgärten im Häusermeer stehen unsere sechs Gartenräume, in sehr unterschiedlichen Wiener Bezirken, erholsame Refugien für Gartenliebhaber, mitten drin und doch so fern vom hektischen Alltag.

VOM VERWILDERTEN HOFGARTEN ZUM BLÜHENDEN PARADIES

Wirklich großzügige, öffentliche Parks findet man kaum „auf der Wieden", im vierten Wiener Gemeindebezirk. Doch hinter meist eleganten, hohen Miethäusern verbirgt sich oft Erstaunliches. So wie dieser Garten Eden, dessen Ursprünge eigentlich gute 150 Jahre zurück liegen. Vor 44 Jahren zog die heutige Gartenbesitzerin mit ihrem ersten Mann in die damals sehr desolate Wohnung im Parterre dieses Hauses, da ihr Mann unbedingt einen Garten in der Stadt wollte.

☙

Aber von Garten war damals noch keine Rede: Bauschutt, Kies, Holunderstauden, vereinzelte Fliederbüsche und Massen von Brennnesseln wuchsen rund um eine große Platane und einen hängenden Ginkgobaum. Das Geheimnis dieser alten Bäume enthüllte den wahren Ursprung des Gartens: Vor ca. 150 Jahren gehörte das Haus einem weitgereisten Schiffskapitän, und er hatte von seinen Reisen nach China die beiden Bäume als kleine Pflänzchen mitgebracht und in seinen Garten gepflanzt. Was würde er wohl sagen, sähe er die wunderbaren Bäume heute und den verzauberten Garten rundherum?

Der erste Ehemann war leidenschaftlicher Gärtner. Er veredelte Rosen, züchtete Lilien – und verwandelte die Brache Stück für Stück in einen blühenden Garten, der trotz schattiger Lage botanische Vielfalt bot. Nach seinem Tod wurde die Nutznießerin des Gartens zur Gärtnerin und lernte mit Bepflanzungen umzugehen, die nur vormittags genug Licht bekommen.

☙

Heute spricht sie gerne mit ihren Pflanzen und hat in ihrem zweiten Mann einen kongenialen Partner gefunden, der ihre Gartenliebe teilt. Ein Wintergarten komplettiert die Idylle, macht den Wohnraum gartenseitig viel heller und bietet auch in den Wintermonaten eine schöne Aussicht in den Garten, der dank Strukturgehölzen wie Buchs oder Eibe auch mit weißen Häubchen reizvoll aussieht.

Weitaus mehr als nur einen begrünten Hinterhof stellt dieser alte Garten dar. Auf ca. 700 m² wurde im hausnahen Teil ein formaler Garten gestaltet und im hinteren Teil – der eigentlich zur Nachbarin gehört, hier teilt man sich gerne die Pflege – die naturnahe Variante.

Durch die hohen Häuser rundum liegt der Garten zwar den halben Tag im Schatten, das hindert aber Akeleien, Iris, Zierlauch und Strauch-Pfingstrosen nicht, im Frühling den vollen Zauber ihrer Blütenpracht zu entfalten. Zusammen mit Farnen, Funkien und schönen Blütengehölzen wie Hartriegel und Deutzien, Rhododendren und Sternmagnolien verwandeln sie den ehemals öden Hinterhof in eine phantasievolle, blühende Idylle.

1 / Bei vielen Gründerzeithäusern in Wien findet man an der Hofseite oft noch sogenannte „Pawlatschen", verglaste Wandelgänge, über die man trockenen Fußes seine Wohnung erreichen kann. Die ebenerdig gelegene Wohnung unserer Gartenfreunde bekam vor einigen Jahren einen modernen Glasvorbau, eine Art Wintergarten. Darin blühen jetzt in der dunklen Jahreszeit unzählige Orchideen.

2, 3 / Typisch für die Wiener Hausgärten sind die Eisenzäune, die den Garten – der meist nur dem Hausherrn zugänglich war – vom allgemeinen Hof mit seiner Teppichklopfstange trennte. Heute öffnet sich gleich hinter dem Efeubogen ein vielfältiges Gartenreich. Unten sieht man einen der Wege, der, von Frühlingsblühern gesäumt, wie ein Saumpfad durch den Garten führt.

EIN GARTEN EDEN MIT 150 JAHRE ALTEN WURZELN

Dem Ginkgobaum, der hier das Gartenbild prägt, sieht man auf den ersten Blick sein Alter von rund 150 Jahren nicht an. Das liegt wohl an der Sorte – Ginkgo biloba pendula. Der Hänge- oder Schirmginkgo wächst, wie schon der Name sagt, mehr in die Breite. Darunter ein liebevoll mit sorgfältig beschnittenem Buchsbaum eingerahmtes Beet und wieder davor viele Töpfe, in denen Lilien und eine Menge Dahlien ihrer Blütezeit im Sommer zustreben.

gegenüber / *Die Mauerkatze (Parthenocissus tricuspidata 'Veitchii'), eine Art wilder Wein, ist sehr beliebt zum Begrünen kahler Feuermauern. In vielen Wiener Höfen schmückt sie die Wände und schützt sie vor schädlicher Witterung. Darunter liegt verträumt das Schattenreich, das sich in den letzten 43 Jahren doch sehr verändert hat. Durch den fackelgesäumten Weg ist der Garten jetzt auch in den Abendstunden zu genießen.*

GEORDNETE NATUR IN MARIAHILF

„Garten-Schach" spielen Kunsthändler und Verleger Andreas Stalzer und seine Frau, die Künstlerin Isabelle Muehlbacher, in ihrem Garten in Mariahilf, dem 6. Wiener Gemeindebezirk. Isabelle kauft gerne Pflanzen, sie ist zuständig für die Auswahl, dann werden sie eingesetzt, beobachtet ... und woandershin gesetzt. Einmal vor, dann wieder zurück und wieder vor – Garten-Schach eben!

⁕

Das Gelände hinter einem denkmalgeschützten Bürgerhaus war bis gegen Ende des 18. Jahrhunderts Teil eines Friedhofs, der von der Mariahilferstraße bis zur Barnabitengasse reichte. Als Andreas Stalzer vor etlichen Jahren zuerst einmal den völlig zubetonierten Hof aufgrub, kamen im vorhandenen Erdreich allerlei Fundstücke zum Vorschein: Knochenreste und alte Orden, verbogene Schmuckstücke, eine rostige Pistole und vieles mehr.

⁕

In den ersten zehn Jahren hielt Stalzer es mit dem Gartenphilosophen Le Roy – „Man darf als Mensch nicht eingreifen, nur Samen ausbringen!" – und so wucherte die Wildnis rund um einen wilden Kirschbaum einige Jahre lang ungestört vor sich hin. Als sie so dicht war, dass die Kinder sich ihre Wege nur mehr mit dem Buschmesser bahnen konnten, war Schluss mit Natur pur. Die 400 m² benötigten endlich Eingriff und Gestaltung, die Ära der Kultur begann. Seither strukturieren Ramblerrosen und Glyzinien in der Vertikalen, eine Linde wurde zum kugeligen Baumhaus und der alte Buchsbaumbestand wurde endlich in Form gebracht. Immer wieder wird Neues ausprobiert, auch auf der Terrasse vor der Wohnung blüht und grünt es heftig.

⁕

Und es ist ein eingespieltes Team, das hier werkt – sie sucht aus und pflanzt, er pflegt, schneidet und hält Ordnung. Nur George, der Bernhardiner, spielt die Schlange im Paradies, er muss etwas in Zaum gehalten werden.

⁕

Gartenbesuche sind hier möglich – Anmeldung: *stalzer@utanet.at*

Strukturierte Vielfalt prägt den Gartenhof der Familie Stalzer/Mühlbacher. Das war nicht immer so. In den Anfängen des Gartens wucherte hier eine Steppenlandschaft um einen kleinen, wilden Kirschbaum. Heute wechseln sich blühende Flächen mit wucherndem, kletterndem Grün ab.

1

2 (↑), 3

1 / Auf dem flachen Dach über der Druckwerkstatt befindet sich die von der Wohnung im ersten Stock aus direkt begehbare Terrasse. Hier spielt sich in der warmen Jahreszeit ein Großteil des Familienlebens ab. Küchenkräuter und Sommerblumen in geräumigen Containern sorgen für kulinarische Highlights und für Wohlbefinden. Wer es eilig hat, gelangt über eine steile Außentreppe auf kurzem Weg hinunter in den Garten.

2, 3 / Kletterpflanzen wie Efeu brauchen einige Jahre, um sich gut zu etablieren. Doch dann belegen sie ihre Kletterwand, hier eine alte Ziegelmauer, vollständig mit Beschlag. In Kombination mit einer antiken Gartensäule entstand dieses romantische Eckchen. Unten ist eine nette Spielerei von Andreas Stalzer zu sehen. In eine Linde wurde ein festes Drahtgerüst hineinmontiert und diese dann regelmäßig nach der Kugelform beschnitten. Über eine Trittleiter können die Kinder leicht in ihr kugelrundes „Baumhaus" gelangen.

*Ein Hofgarten lebt von der vertikalen Bepflanzung. Ohne die üppige Begrünung der Hauswände wäre er nur halb so schön. Hier liefern sich Efeu, Mauerkatze (*Parthenocissus tricuspidata *'Veitchii')* und eine wunderbar blühende Glyzinie (*Wisteria sinensis*) einen wilden Konkurrenzkampf. Die Wisteria, auch Blauregen genannt, kann mit Kletterhilfen 20 bis 30 m hoch wachsen und besticht durch ihre Blütentrauben im Frühjahr.*

1 (↑), 2

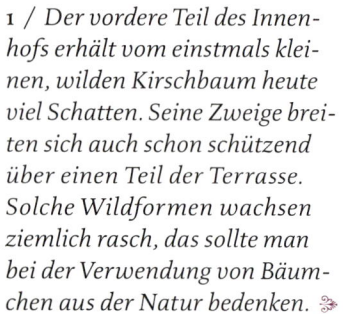

3

4

1 / Der vordere Teil des Innenhofs erhält vom einstmals kleinen, wilden Kirschbaum heute viel Schatten. Seine Zweige breiten sich auch schon schützend über einen Teil der Terrasse. Solche Wildformen wachsen ziemlich rasch, das sollte man bei der Verwendung von Bäumchen aus der Natur bedenken.

5

2, 3 / Hier blickt George ganz unschuldig drein, aber manchmal muss er aus dem Garten verbannt werden – er neigt nämlich dazu, in den Beeten zu graben. An der Rückwand des Gartenhäuschens herrscht penible Ordnung. Liegt es vielleicht daran, dass der Herr des Gartens Jungfrau im Sternzeichen ist?

4 / Wie eine blühende Insel liegt der Garten zwischen den Hinterhöfen. Wer nur einige Meter entfernt über die geschäftige Mariahilferstraße läuft, ahnt nichts von den vielen Hofgärten, die den Bewohnern dieser Gegend einmalige Lebensqualität bieten. Ruhe, gute Luft und die Geborgenheit in der Natur machen das Leben in der Stadt hier wirklich lebenswert.

5 / Dicht bewachsene Rosenbögen geben den Blick auf die ehrwürdigen Buchshecken frei. Sie gehören zu dem raren, alten Bestand des Gartens und wurden von Andreas peu à peu in ihre heutige, wellenkugelige Form gebracht.

STADTGARTEN MIT FRANZÖSISCHEM FLAIR

Strenge, hohe Häuser und ständiger Verkehrslärm prägen die belebte Durchzugsstraße in Universitätsnähe. Wer würde hier mitten im Stadtgetümmel einen versteckten Ort der Stille vermuten? „Die Zentrumsnähe ist gar nicht zu spüren", erzählt der glückliche Bewohner der Idylle, „hinter den Häuserzeilen verstummt der Lärm, nur das Vogelgezwitscher unterbricht die Morgenruhe. Wir wurden hier im Sommer zu Frühaufstehern, um dem Vogelkonzert zu lauschen; auch riecht es hier zu jeder Tageszeit anders!"

Es ist ein kunstsinniges Paar, das seine ideale Dachgeschoßwohnung in der Innenstadt für diese Oase aufgegeben und die Künstlichkeit eines Dachgartens gegen totale Naturnähe eingetauscht hat – und doch mitten in der Stadt geblieben ist. Das kleine Haus, das sich gegen die Feuermauer eines hohen Wohnhauses drückt, war ursprünglich ein Bildhaueratelier und bestand zur Hälfte aus Holz. Heute ist es ein komfortables Wohnhaus, zweigeschossig, hell und geräumig und die 400 m² vorhandener Grünbestand aus Wiese, einigen Bäumen und einer Wasserstelle verwandelten sich in einen richtigen Garten. Die Wasserstelle wurde zum kleinen Teich erweitert, ein Ginkgo, eine Linde, ein Trompetenbaum und eine Magnolie wurden neu gepflanzt, der im Frühling zauberhaft weiß blühende Rhododendron verbreitet pure Romantik und eine mit wildem Wein zugewachsene Laube ist der ideale Platz für laue Sommernächte.

Irgendetwas hier verströmt dieses gewisse Pariser Flair – vielleicht die unterteilten bodenlangen Fenster und Türen des Hauses? Sie stammen aus einem französischen Landhaus und öffnen sich zum Garten hin. Das verstärkt die Naturnähe und bringt am Abend immer neue, frische Düfte herein.

Eine Gruppe von „Wiener Gartenstühlen" des Fin de Siècle verleiht diesem lauschigen Sitzplatz im Grünen seinen ganz eigenen Charme. So ein runder Sitzplatz ist immer ein Zentrum im Garten, dieser hier verspricht schattige Kühle an heißen Sommertagen.

1

„HINTER DEN HÄUSERZEILEN VERSTUMMT DER LÄRM."

1, 2 / Versteckt hinter dem straßenseitig gelegenen Vorderhaus öffnet sich das umrankte Gartenhaus ins Grüne. In Verlängerung des mehrgeschossigen Vorderbaus wurde es an die Rückwand des Nachbarhauses angebaut und ist vom vorderen Hof aus kaum einsehbar. Jetzt überwiegt hier das Grün, im Frühling wird es durch den Blütenrausch von Glyzinie, Flieder und Rhododendron unterbrochen.

3, 4 / Für Jack Russel-Terrier Giorgio herrschen hier paradiesische Zustände, so ein Hofgarten ist einfach ideal für einen kleinen Hund. Darunter ist ein Teil des alten Baumbestandes zu sehen, der wie in vielen Wiener Gärten schon vorhanden war. Davor ein abgestorbener Baumstumpf, mit Efeu überwuchert, der schon mehr als zehn Jahre alt ist und wie eine grüne Skulptur wirkt.

VERBORGEN HINTER HÄUSERZEILEN / 35 /

3 (↑), 4

Links im Vordergrund ist ein altes Eisengestell aus Frankreich zu erahnen. Es bildet das Gerüst der Laube, in der man drinnen im Kreis sitzen kann. Von hier aus hat man einen schönen Ausblick auf den schattigen Teil des Gartens, auf den kleinen Teich, dessen Ufer viele Funkien schmückend säumen. Wasser und sanftes Grün in allen Schattierungen machen diesen versteckten Garten zu einer erholsamen Stadtoase.

1, 2 / Beim Blick in die Gegenrichtung sieht man oben in der Mitte die kugelige Laube vor der Mauer, davor die Schattenpflanzen und den Teich. Das Kreisthema zieht sich immer wieder durch diesen Garten. Sitzplatz, Laube und Schattenbeete wiederholen das Motiv der Rundungen. Der Ausblick vom Wohnzimmer durch die unterteilte Tür- und Fensterfront erlaubt eine differenzierte Sicht auf die Dinge und holt die Gartenlandschaft ins Zimmer herein.

/ 38 /

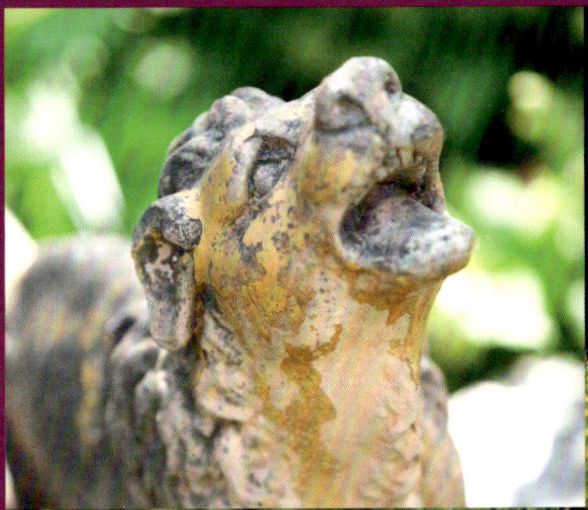
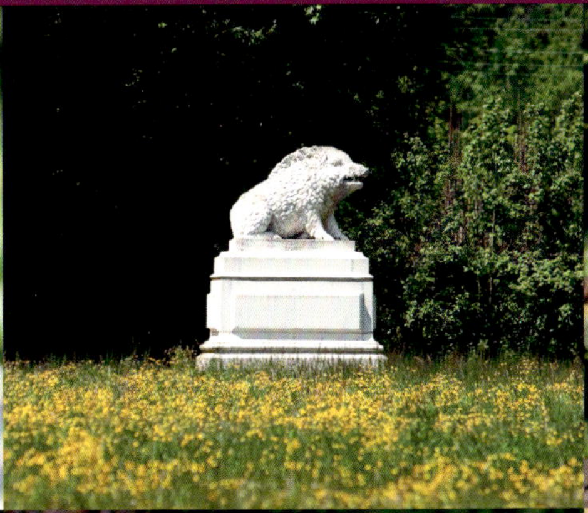
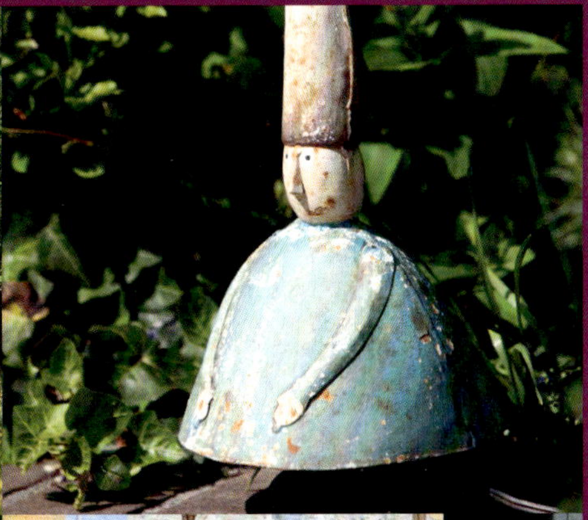
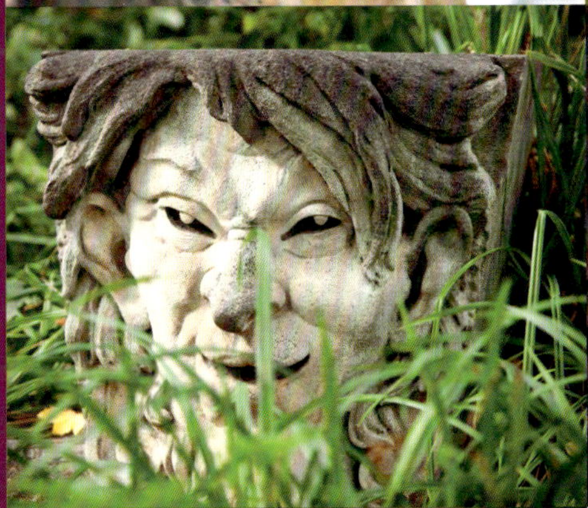
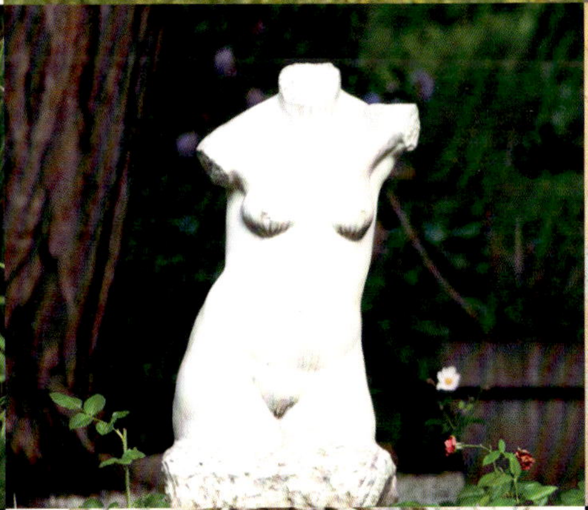
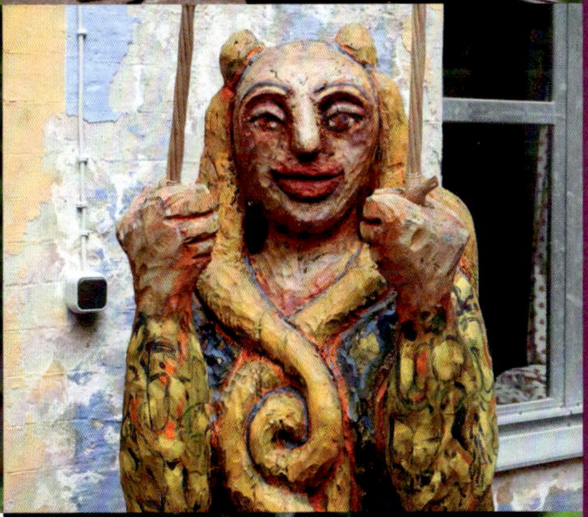
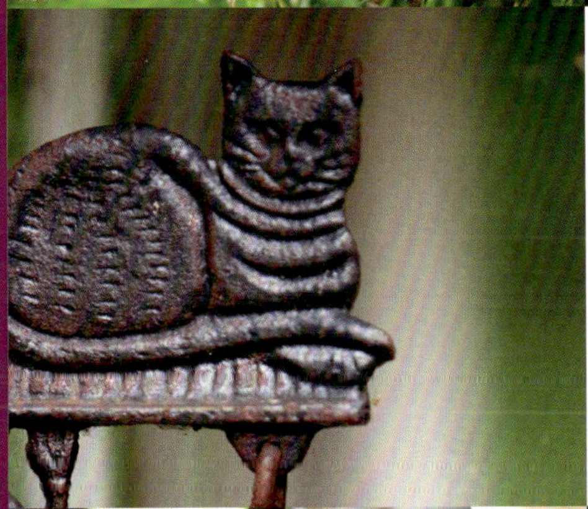
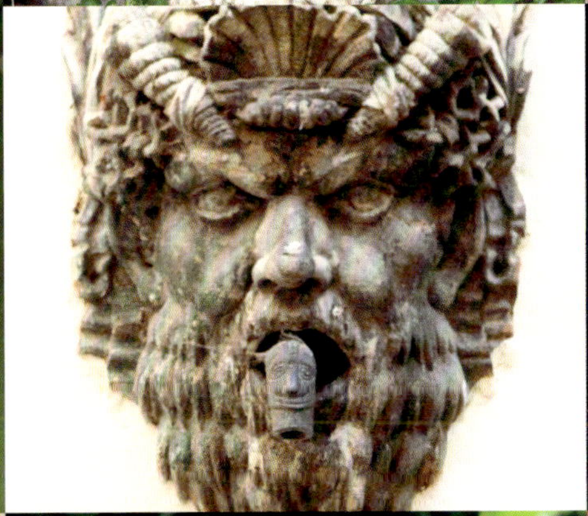
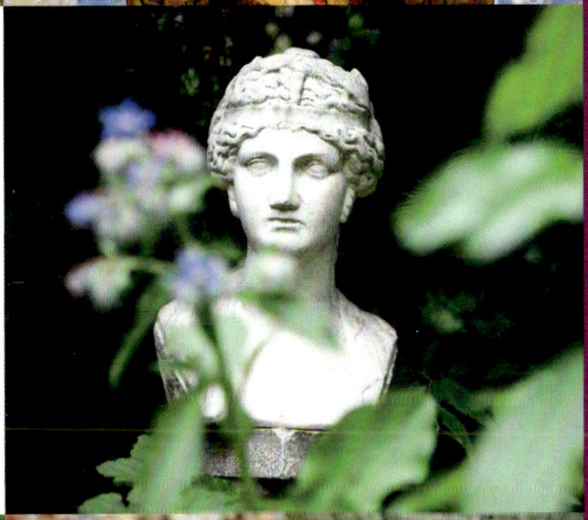
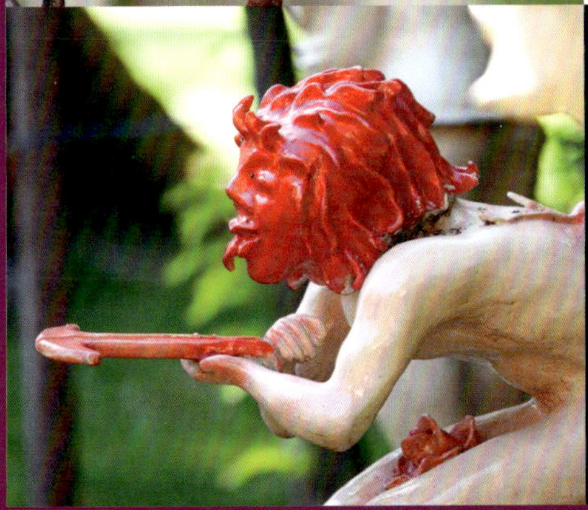
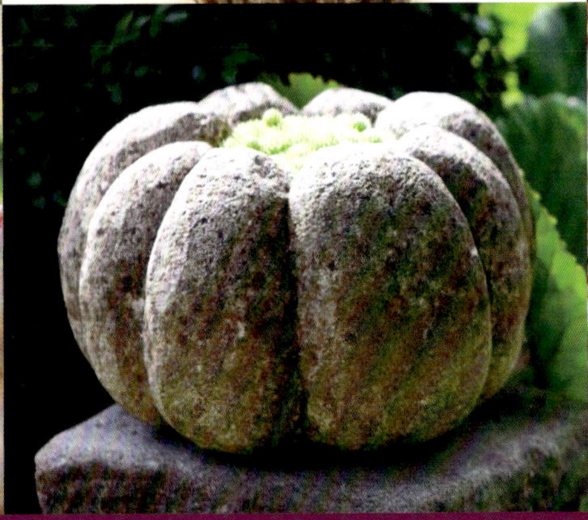
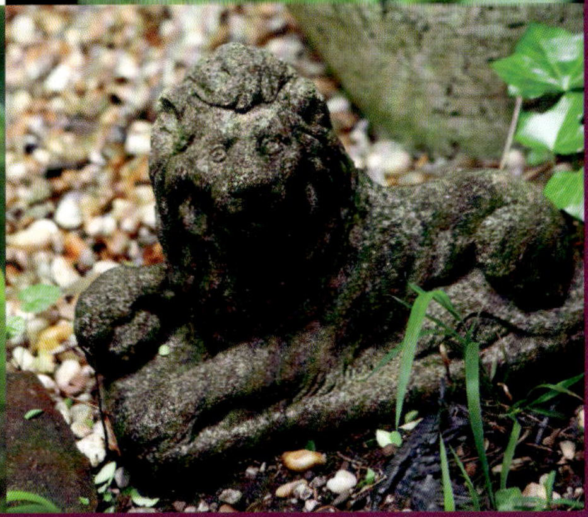

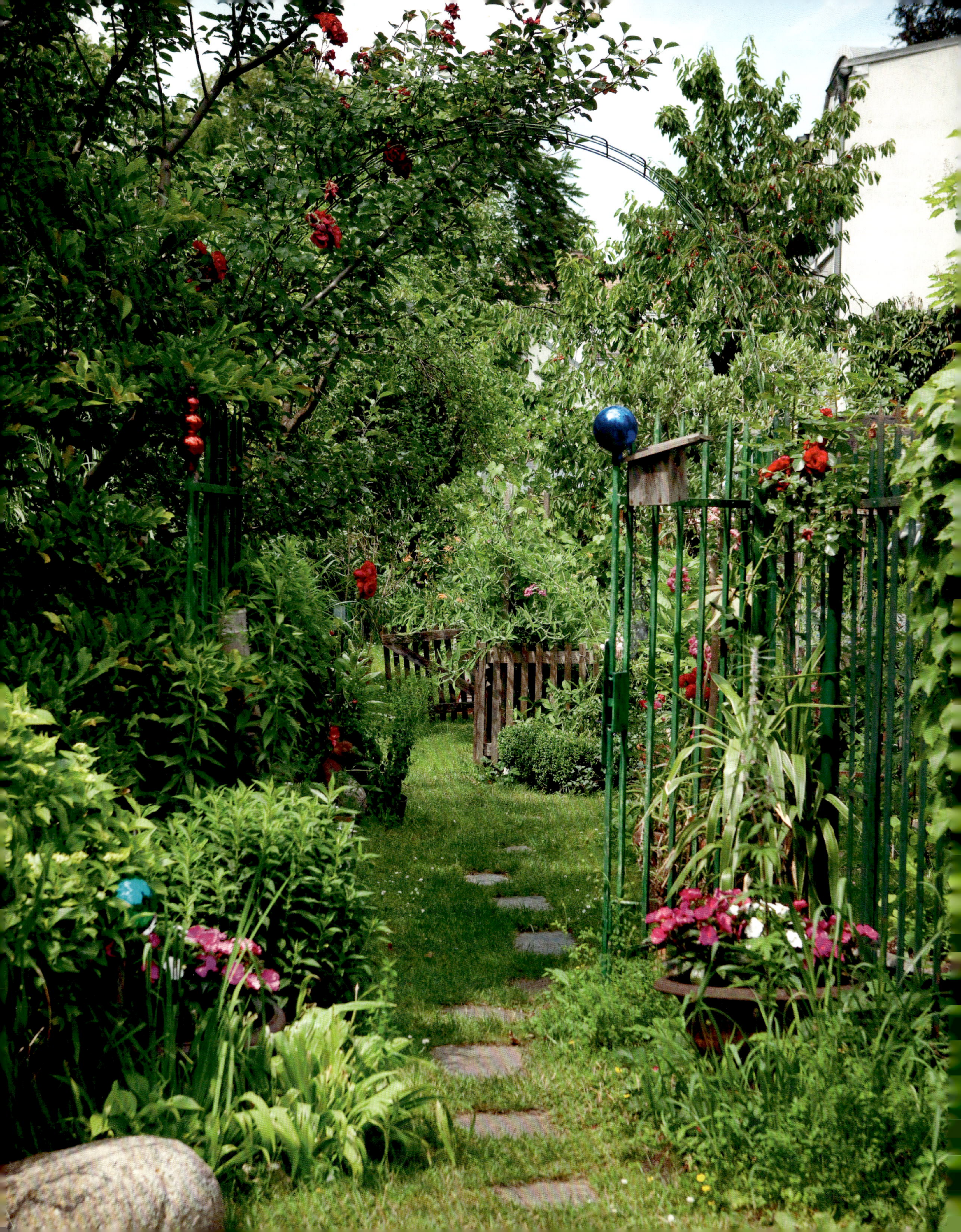

GRENZENLOSES GRÜN – GLEICH HINTER DER VERKEHRSHÖLLE

Wahrscheinlich veranlasste die Nähe zu Schloss Schönbrunn den Zuckerbäcker Louis Lehmann in den 1880er-Jahren dazu, im Garten seiner Obstkonservenfabrikation einen sogenannten „Garten-Kaffeesalon" eröffnen zu wollen. Die Pläne dafür hat die leidenschaftliche Gärtnerin, die heute hier wohnt, selbst gesehen. „Es existierten Pläne für einen Kaffeesalon und eine Kaffeeküche. Was damals davon umgesetzt wurde, ist nicht belegt. Doch Reste von verschiedenen Salettln* hat es noch gegeben, jetzt steht noch eines in Fragmenten".

&

Immerhin, die Zuckerbäckerei Lehmann gab es hinter dem Zinshaus** von 1919 an der Wiener Westausfahrt tatsächlich. Dort, wo früher der Öltank für die Backstube stand, lebt heute die gärtnerisch engagierte Dame in einem zeitgemäßen, luftigen Haus aus Holz und Glas, umgeben von ihrem wuchernden Gartenreich. Von dem täglichen Höllenlärm durch den Straßenverkehr merkt die Glückliche rein gar nichts. Sobald man das Haustor schließt und den Hof betritt, verstummen alle Motorengeräusche, sie werden beim Eintreten in den eigentlichen Garten von Vogelgezwitscher und Bienengesumm abgelöst. „Mein Garten wirkt größer, als er tatsächlich ist", lächelt sie. „Da links und rechts von mir auch Gärten sind, kann man die Grenzen kaum erkennen." Mit ihrem direkten Nachbarn, einem gartenbegeisterten Burgschauspieler, trifft sie sich regelmäßig zum Morgenkaffee – der bestehende, alte schmiedeeiserne Gartenzaun wäre gar nicht notwendig, hat sich aber als wichtiges Strukturelement und Klettergerüst erwiesen. Bei ihrem Einzug war der große Garten ein „Fliederurwald" und die Gärtnerin in ihr musste erst geweckt werden. Geplant hat sie ihr Gartenreich, das zwischen einer Hauptverkehrsader und einer Bezirkshauptstraße liegt, nicht wirklich: „Es hat sich entwickelt, alles wächst und in mir die Gartensucht. Nirgendwo kann ich hingehen, ohne mindestens eine Pflanze mitzubringen!"

&

Dieser Garten kann besucht werden – Anmeldung: *wongelisabeth@yahoo.de*

---

* Salettl = Gartenhäuschen aus Holz
** Zinshaus = Mietshaus

Eigentlich hat dieser verwunschene Garten zwischen zwei belebten Straßenzügen nur schmales Handtuchformat. Doch durch die Bäume in den links und rechts angrenzenden Hausgärten wirkt das ca. 400 m² große Gartenreich weitaus größer.

Hier, in der mit Weinranken und Efeu völlig überwucherten Laube des Nachbargartens, treffen sich die Gärtnerin und ihr Nachbar oft zu Gartengesprächen und erstem Morgenkaffee. Die nebeneinander gelegenen Gärten gehen trotz des Zauns irgendwie nahtlos ineinander über. So entstand ein verwunschener Gartenraum, der Größe zeigt. ❧

1 *(gegenüber)* / *Fast übergangslos sind Haus und Garten miteinander verbunden. Ein Teil der großen Zimmerpflanzen steht in den Sommermonaten auf dem Vorplatz im Freien und auf den Gartentischen beziehen einige Topfpflanzen ihr Sommerquartier. Durch die Glasfronten ist der Garten das ganze Jahr über ständig präsent und erhöht die Lebensqualität um einiges.* ❧

1

2, 3 / Zwischen den exakt geschnittenen, alten Buchshecken des Nachbarn führt ein Kiesweg durch die Öffnung im Zaun direkt in das wuchernde Gartenreich.
Blau ist im Nachbargarten offensichtlich eine Lieblingsfarbe. Einige Gartenstühle und sogar die Gießkannen wurden hier in der Farbe des Himmels lackiert.

2

3

1 / *Der schmiedeeiserne alte Zaun dient Rose und Wein als Klettergerüst und verbindet die benachbarten Gärten mehr, als er sie trennt. Davor wurde einmal ein Eisengitter, das aus der Justizanstalt stammt, abgestellt – Kletterrosen und andere Pflanzen haben es sofort für sich erobert. Also blieb es einfach stehen.*

2 / *Im Vordergrund wuchern Borretsch und Ringelblumen im Gemüsegarten. Gleich dahinter bilden im Nachbarsgarten die wie Wogen geschnittenen alten Buchsbäume eine eigene Landschaft. Rechts davon sieht man den Eisenzaun, der eigentlich die Grundgrenze markiert und den Kletterpflanzen Halt bietet.*

3 / *Die alten Marmorplatten des Gartentisches stammen noch von der Firma Lehmann. Darauf wurde Teig geknetet und der berühmte Apfelstrudel hergestellt. Vom Sitzplatz aus hat man einen schönen Blick in den Garten und aufs nachbarliche Gartenhäuschen. Die Gärten gehen hier fast nahtlos ineinander über.*

VERBORGEN HINTER HÄUSERZEILEN / 45 /

3 (↑), 4   5

4 / *Ein Gemüsegarten ist heute aus der Gartenlandschaft nicht mehr wegzudenken. Gerade in der Stadt ist es ja der pure Luxus und ein Vergnügen, seine eigenen Gurken, Tomaten und Kürbisse anbauen und ernten zu können.*

5 / *An der Mauer am Ende des Gartens baut ein anderer Nachbar, der Besitzer des unteren Gartenteils, eine Sammlung aus gefundenen Resten von alten Skulpturen auf – eine Art Hommage an die „Römische Ruine" im Schlosspark von Schönbrunn.*

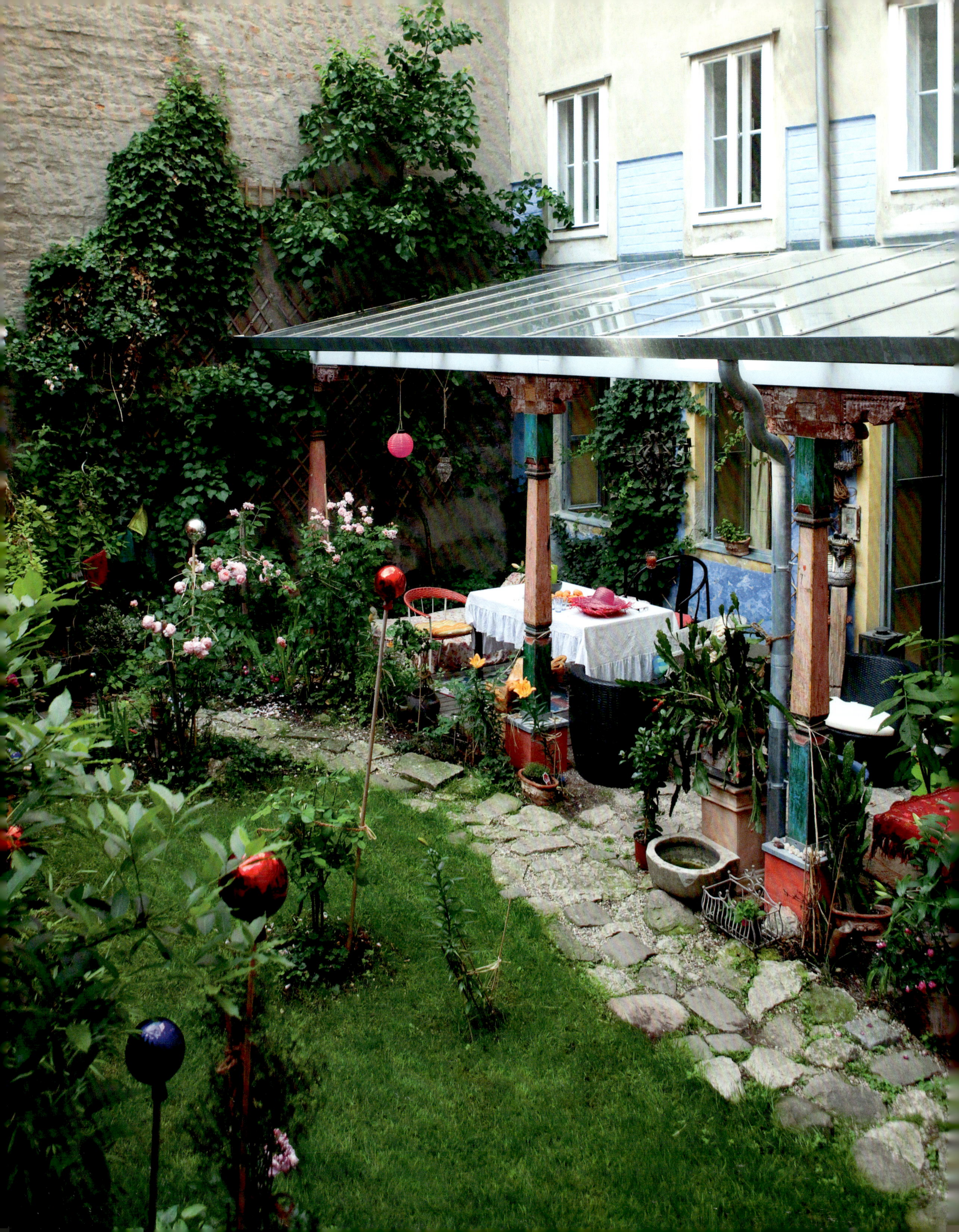

EXOTISCHE OASE IM GRAUEN HINTERHOF

Auf der Suche nach einer geeigneten Werkstatt entdeckte die seit Jahren in Wien lebende bayerische Bildhauerin und Universitätsprofessorin Elisabeth von Samsonow eine baufällige Baracke in der Leopoldstadt, dem 2. Wiener Gemeindebezirk. Eigentlich hatte sie ja eine Wohnung, nur lag die im 3. Stock ohne Lift und ohne Balkon. In der Stadt lebte die kreative Künstlerin ohnehin nur berufsbedingt. Am Land aufgewachsen, zog es sie immer wieder hinaus in gemietete Objekte in der Natur, das musste einfach sein.

Doch die Wiener Situation ließ zu wünschen übrig, also krempelte die mutige Frau sozusagen die Ärmel hoch und erwarb das erschreckend desolate Häuschen hinten in dem grauen Hof und zusätzlich die Parterrewohnung im Vorderhaus. Aus der alten „Schulschachtel" machte sie ein verwunschenes, winziges Wohnhaus auf der einen Seite, die Parterrewohnung auf der anderen Seite beherbergt Wohnzimmer und Bibliothek, und dazwischen legte sie voll Ungestüm einen blühenden Garten an – bunt, fröhlich, lustig. Doch der Anfang war das keineswegs – die Bewohner des vorderen Wohnhauses hatten Angst vor Feuchtigkeit und führten einen regelrechten Kleinkrieg. Aber wer einen Garten will, lässt sich nicht unterkriegen. Heute blühen auf den knapp 110 m² 14 Rosensträucher, zwei Marillenbäume, drei Hortensien, zwei Sommerflieder, viele Lilien in Töpfen, elf Buchsbäume, ein Bambus und vieles mehr. Dazu klettern Geißblatt, wilder Wein und viel Efeu die Wände hoch und sorgen für ein ordentliches Kleinklima.

Und auf der Terrasse der kleinen Hofvilla stehen massenweise Töpfe mit Kräutern und Paradeisern, ein Zwetschgenbaum und zwei Palmen, viel Lavendel, Zitronenbäumchen neben Brennnesseln, zwischen Gladiolen im Topf und dem Blattkaktus winden sich Trichterwinden und überall gehen Löwenmäulchen von alleine auf. Und all das mitten in der Stadt, nahe des Karmelitermarkts, wo das urbane Leben nur so boomt!

www.samsonow.net

Erstaunlich, wie sich ein ziemlich trister, kleiner Hinterhof in der Leopoldstadt binnen einiger Jahre in eine bunte, exotische Oase der Sinnlichkeit verwandeln konnte. Auf nur 110 m² wachsen heute 14 Rosensträucher, zwei Marillenbäume, drei Hortensien und vieles mehr.

AUS DER DESOLATEN BARACKE WURDE EIN VERWUNSCHENES, KLEINES HÄUSCHEN.

1, 2 / *Der etwas düstere Hausflur endet – in einem Farbklecks! Ganz unerwartet leuchtet die intensive Wandfarbe des kleinen Hauses hervor und wetteifert mit den grünen Fingern der Kletterpflanzen, die hier die grauen Wände hinaufwandern. Der von Rosen umrankte Gartensitzplatz befindet sich vis à vis des kleinen Hauses, vor der dazugehörigen Parterrewohnung, die als Wohnzimmer und Bibliothek dient.*

Mitten in der Stadt, umgeben von hohen Häusern, entstand eine Art Oase in der Steinwüste. „Hier zu leben ist für mich die reinste Erholung", meint Elisabeth von Samsonov, „durch die vielen Pflanzen werd' ich noch selbst zu einer Pflanze!" Starke Farben sind das Markenzeichen der naturverbundenen Künstlerin. Hier leuchten Blüten, Rosenkugeln und die Wandfarbe um die Wette.

1

1 / Der dem kleinen Haus gegenüberliegende Teil des Ensembles wurde letztes Jahr mit einem Glasdach versehen. Jetzt kann die Künstlerin mit ihrer Tochter auch bei regnerischem Wetter draußen sitzen oder (rechts) das von den Kübelpflanzen etwas verdeckte Trampolin benutzen. Rechts vom Eingang steht als Wächterin ihre bemalte Holzskulptur „Maria Magdalena". ❧

2, 3 / Das farblich gut passende Mitbringsel der Autorin bringt ein bisschen Licht in die Sommernacht. Farblich passend zur Hausmauer auch dieses Werk der Holzbildhauerin. Solche Details und die Pflanzenvielfalt machen aus dem kleinen Hofgarten eine exotische Besonderheit in der Wiener Gartenlandschaft. ❧

2

3

4 / *An der fast orange getönten Mauer ranken Geißblatt, wilder Wein, eine Kletterhortensie und viel Efeu hinauf. Darunter trotzen einige der 14 Rosenstöcke dem Halbschatten, der hier vorherrscht, und dazwischen bringen Buchskegel Ruhe in die Rabatte.*

5 / *Auch der Blick vom oberen Wohnraum fällt unweigerlich ins Grüne. Der Drang zu farbenfroher Blumenpracht macht auch vor den Fensterbrettern nicht Halt: Ohne rosafarbene Pelargonien geht im Sommer gar nichts, Bayern lässt grüßen!*

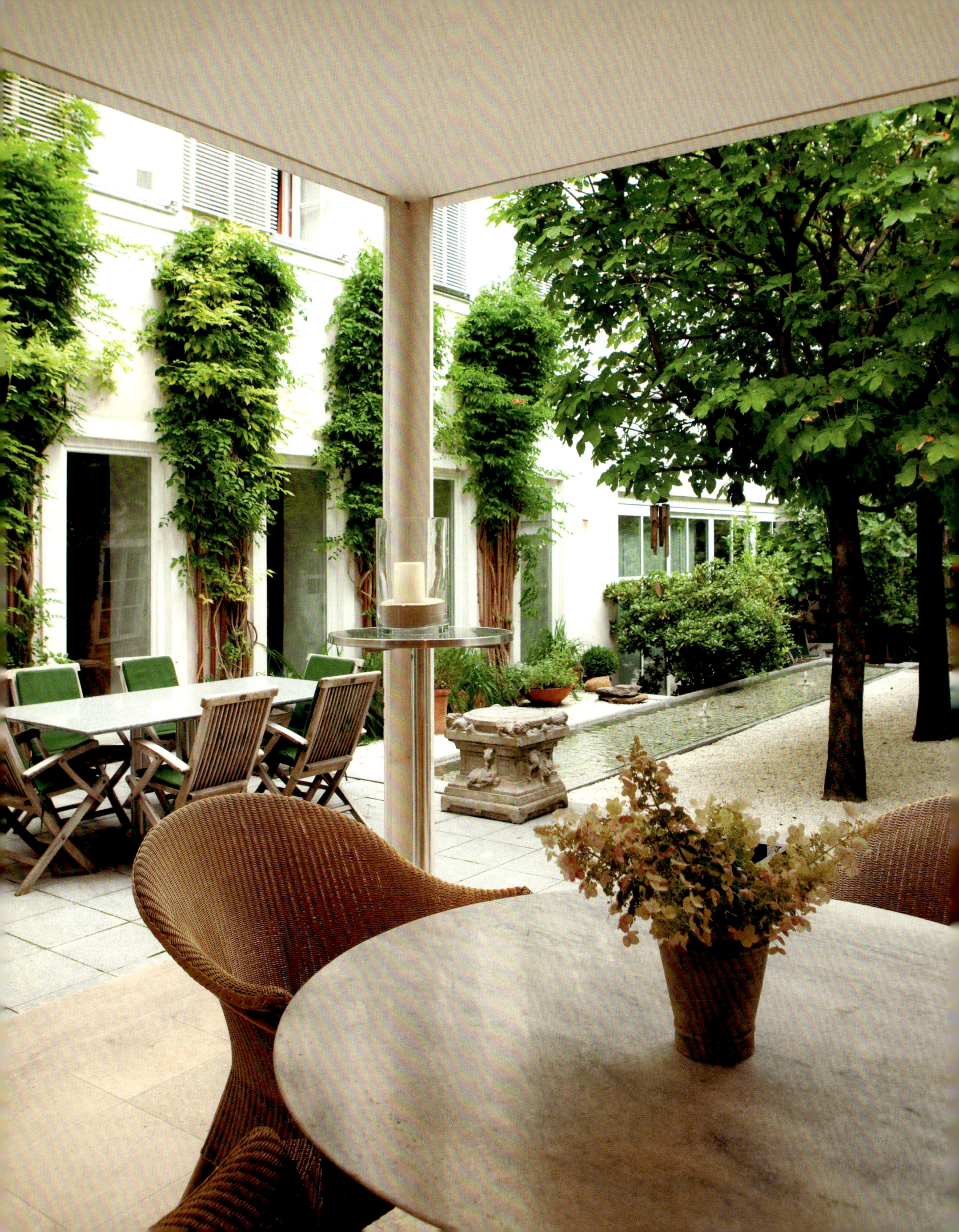

DER HOF DES ARCHITEKTEN

Es ist schon bemerkenswert, dass ein Architekt, dessen Werke man zum Grossteil durchaus als „monumental" bezeichnen kann, so versteckt und bescheiden wohnt wie Wilhelm Holzbauer.

༄

Der berühmte österreichische Architekt bewohnt mit seiner Frau auch keine der spektakulären Villen, für die er bekannt ist, nein, die Familie Holzbauer bevorzugt ein Biedermeierhaus in einer ruhigen, kleinen Gasse in Mariahilf, dem 6. Bezirk. Eigentlich hat er 1990 ein größeres Büro gesucht und ist auf diese ehemalige „Daunenfeder-Niederlassung" gestoßen. Einige Jahre nach dem Umbau erhielt das Atelier einen neuen Standort und das Haus wurde bis auf einen kleinen Büroteil zum privaten Wohnhaus, adaptiert im Holzbauer-Stil.

༄

Beim kompletten Umbau entstand auch die auf den ersten Blick etwas strenge Gestaltung des Hofs. Ein langes Wasserbecken („Wasser ist wichtig, schon das Geräusch des Springbrunnens erfrischt an heißen Tagen"), kugelig gehaltene Kastanienbäume, Buchskugeln in Töpfen, an den Wänden Glyzinien und Trompetenwinden geben dem Refugium seinen eigenen Charme. Hortensien in großen Töpfen, unten im Hof und oben auf dem Dachgarten, sorgen für Blütenfülle im Hochsommer. Wenn es im Hof zu kühl ist, wärmt oben auf dem Dach die Abendsonne. Und bietet dazu einen fabelhaften Ausblick auf die umliegende Dachlandschaft.

༄

Die Säulenfragmente fand Holzbauer bei Arbeiten in Salzburg auf einem Lagerplatz. Sie bestehen aus sogenanntem Adneter Marmor, einem Kalkgestein aus Adnet, einer Gemeinde im Bezirk Hallein. Sie waren wohl einst für einen Nazi-Architekten in Berlin gedacht und sind nach dem Krieg einfach liegengeblieben. Jetzt zieren sie, etwas ironisch gemeint, den Hof des großen Architekten, der ja aus Salzburg stammt.

Sein begrünter Gartenhof ist für den Architekten Wilhelm Holzbauer ein sehr geschätztes Refugium. Das Leben findet im Sommer hier draußen statt und die Stille des Hofes wird nur von städtischem Baulärm und dem Geplätscher der Springbrunnen unterbrochen.

1 / *Unterschiedliche Ebenen brachten Struktur in den Hof. Die verschiedenen miteinander kombinierten Materialien wie Beton, Kies, Terracotta und die imposanten Säulen aus Adneter Marmor ließen gemeinsam mit der Bepflanzung einen eigenen Raum im Freien entstehen, der Ruhe und Entspannung verheißt.*

2, 3 / *Damit es hier nicht zu schattig wird, bekommen die drei Kastanienbäume regelmäßig einen Rundschnitt. Das sieht hübsch aus, wiederholt sich formal in den Buchskugeln und sorgt für dichtes Laub. In dem schmalen Wasserbecken sind Düsen eingebaut, und wenn es besonders heiß ist, sorgt allein schon das Plätschern des Wassers akustisch für Abkühlung.*

VERBORGEN HINTER HÄUSERZEILEN / 55 /

4 / *Wie ein kuscheliger Pelzmantel schützt die beliebte Weinrebe* PARTHENOCISSUS 'Veitchii' *das Mauerwerk. Leider ist in Wien die Begrünung mit passenden Kletterpflanzen immer noch umstritten. Aber der Fachmann weiß, dass diese Kletterer den Verputz jahrzehntelang vor der Witterung bewahren.*

2 (↑), 3   4

1 (↑), 2

3

1 / Hier sieht man einen der zwei chinesischen Steinsockel, auf denen einst Holzsäulen ruhten. Jetzt begrenzen die mit Tieren geschmückten Kunstwerke den großen Essplatz im Hof.

2 / Im Hof des Architekten findet man verständlicherweise kaum verspieltes Dekor, das widerspräche schon der Gestaltung an sich. Doch so eine Muschel zwischen den Pflanztöpfen belebt die Szenerie.

3 / Von der Dachterrasse aus ist die Struktur des Gartenhofes gut zu erkennen. Dieser Blick zeigt auch, wie gut sich ein Haus aus dem beginnenden 19. Jahrhundert mit heutiger Gestaltung vertragen kann.

VERBORGEN HINTER HÄUSERZEILEN / 57 /

4

4 / *Im Hof selbst ist von Zeit zu Zeit Geselligkeit angesagt, die Dachterrassen jedoch bieten Zurückgezogenheit und Erholung und einen Ausblick auf die umliegende Dachlandschaft.*

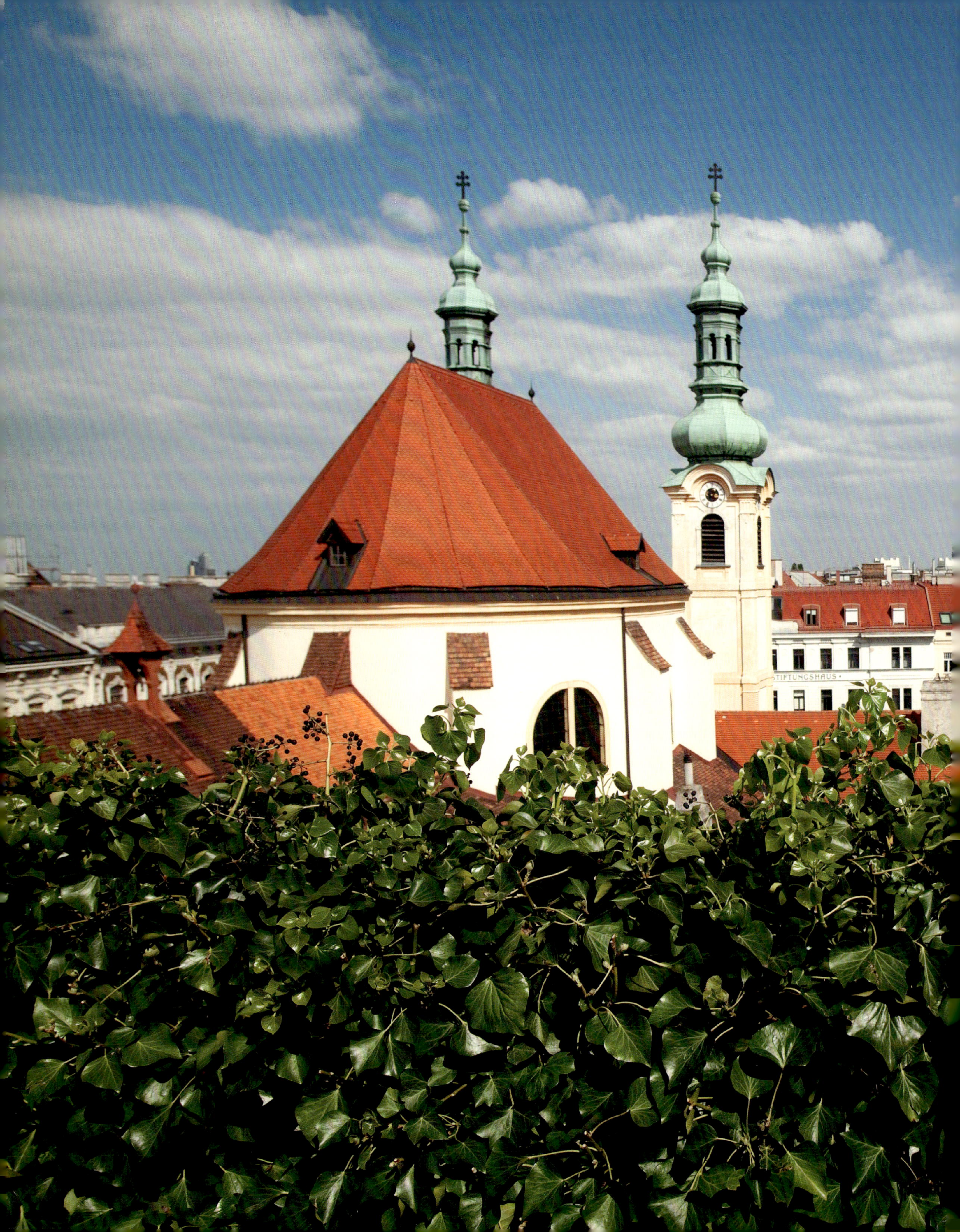
STIFTUNGSHAUS

KAPITEL 2

VIELFÄLTIGE DACHLANDSCHAFTEN

Dachgärten in Wien könnten locker mehrere Bildbände füllen – so interessant ist die Wiener Dachlandschaft von den Innen- bis zu den Außenbezirken, von den 1960er-Jahren bis heute. Die ersten begrünten Dächer hat es wahrscheinlich schon vor dem 2. Weltkrieg gegeben. Und geheime Kübelgärten existierten auf den vielen Wiener Kiesflächen hinter den Dächern schon sehr lange.

Doch zum richtigen Dachgartenboom, also architektonischer Gestaltung mit oder ohne Pool im 4. Stockwerk, mit einer echten Wiese und stilgerechter Bepflanzung, kam es hier sicher erst um die 1980er-Jahre. Die kleine Auswahl in diesem Kapitel zeigt das Spektrum der Möglichkeiten.

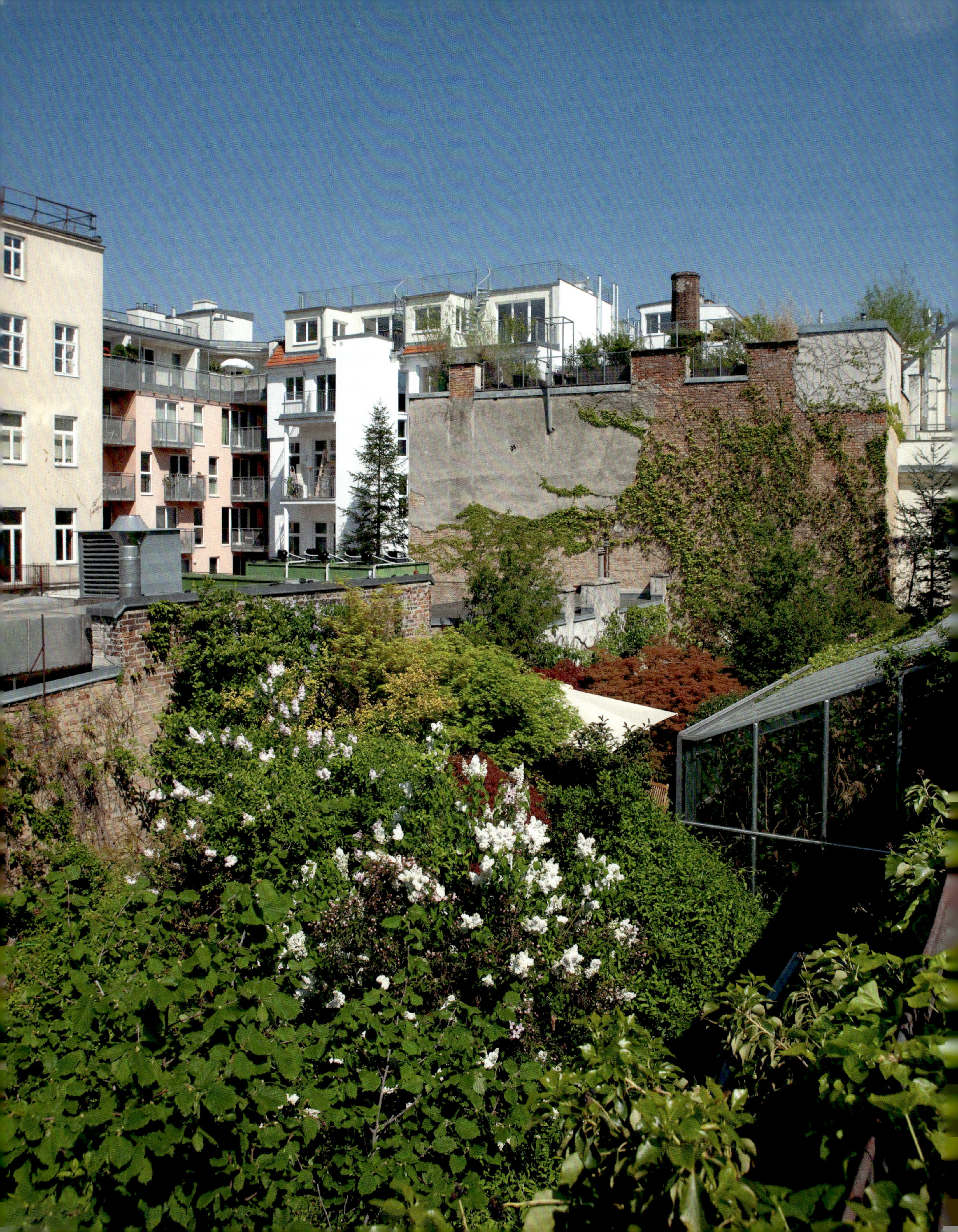

URBANER DSCHUNGEL IM 3. STOCK

Das geteerte Flachdach einer vormaligen Glasfabrik aus den 1950er-Jahren in Neubau, dem 7. Wiener Gemeindebezirk, bot sicher einen traurigen Anblick, als Peter Coeln hier ein Loft hoch über seinem Foto-Imperium bezog. Da hatte Coeln, Gründer von Leica-Shop und Westlicht (dem ersten großen Schauplatz für Fotografie in Wien) dann vor 15 Jahren eine Vision, die er auch schnurstracks umsetzte: Ein „wilder Garten" sollte hier im Hinterhaus, hoch über den Dächern, entstehen. Der sonnige, windgeschützte Standort war ideal für einen Garten auf dem Dach.

Schließlich entwickelte sich ein zweigeschossiger Garten mit einem Biotop im Lichthof und sieben bis acht Meter hohen Bäumen. Auf Unterbau und Folie wurden ca. 30 cm Erdreich aufgeschüttet und Bäume und Sträucher wie im Park gepflanzt. Dabei wurden wohl einige Tiefwurzler notgedrungen zu Flachwurzlern, aber nichts ist so flexibel wie die Natur! So eine Anlage braucht natürlich viel Wasser – die automatische Bewässerung war pure Notwendigkeit –, aber mit dessen Hilfe konnte sich hier alles großartig entwickeln.

Heute verwandeln verschiedene japanische Ahornbäume, ein hängender Maulbeerbaum, Fliederbüsche, Marillen- und Birnbaum die Hinterhausdachlandschaft in einen wahren Urwald. Dazu beranken wucherndes Geißblatt und *CLEMATIS MONTANA* die umliegenden Wände und eine riesige, leuchtendblauviolett blühende Glyzinie das Geländer zum Nachbardach. Zu Füßen einer Eibe wächst im Frühling Bärlauch und in den Gemüsebeeten, die unbedingt dazugehören, verträgt Mangold sich bestens mit Erdbeeren und verschiedenen Salatsorten für den Mittagstisch.

„Man muss halt Glück haben im Leben", freut sich Peter Coeln über sein verwunschenes Refugium. „Es braucht auch Mut und Visionen, um auf einem schäbigen, alten Dach ein Paradies entstehen zu lassen!"

www.westlicht.com

Eingebettet in eine etwas gesichtslose Hinterhoflandschaft liegt dieser „Großstadt-Dschungel" geschützt über der dritten Etage einer alten Fabrik aus den 1950er-Jahren. Dazu gehört ein an die Wand gelehnter Industrieglas-Wintergarten, der die Wohnqualität beträchtlich erhöht.

1 / Die wechselnden Jahreszeiten lassen sich vom ländlich wirkenden Sitzplatz aus hautnah miterleben. Von hier aus beobachten der Gartenbesitzer und seine Töchter auch gerne die vielen Tiere, die sich im Dachgarten heimisch fühlen: Kauz, Specht, Turmfalke und Mäuse geben sich immer wieder hier ein Stelldichein.

2, 3 / Saisonal bepflanzte Töpfe geben dem Gartenbild auch in luftiger Höhe den besonderen Kick und bringen Abwechslung zu Stauden und Gehölzen, die hier wie in einem gewöhnlichen Garten direkt in den Boden gesetzt wurden.
Rosa, weiß und lila blühender, gefüllter Flieder verbreitet im Frühling seinen betörenden Duft und erreicht eine Wuchshöhe, als würde er im Gartenboden sitzen und nicht in einem Substrat von ca. 30 cm Tiefe.

EIN „WILDER" GARTEN HOCH ÜBER DEN DÄCHERN

In rund 15 Jahren verwandelte sich ein geteertes Flachdach in einen wild wuchernden Garten, direkt über Peter Coelns Wohnloft und nur drei Etagen über seinem Arbeitsplatz.
Dank der geschützten, sonnigen Lage wächst hier alles gut an, vom hängenden weißen Maulbeerbaum über den japanischen Ahorn bis zu einigen Obstbäumen wie Marillen (Aprikosen) und Birnen.

/ 64 / URBANER DSCHUNGEL IM 3. STOCK

Durch die geringe Tiefe des Erdreichs ist natürlich eine automatische Bewässerung erforderlich. Diese sorgt für üppiges Wachstum, die Bäume wurden sieben bis acht Meter hoch und die Gehölze – wie hier das Frühlings-Highlight Flieder – gedeihen prächtig. Zweimal im Jahr wird der Garten durch eine pflegende Gärtnerin betreut. Chemie ist verpönt, gedüngt wird hier nur bio!

VIELFÄLTIGE DACHLANDSCHAFTEN / 65 /

1 (↑), 2

3

1 / Wie in den meisten Wiener Hinterhöfen gibt es auch hier einen Lichtschacht. Doch in diesen wurde ein Biotop eingebaut – jetzt tummeln sich da unten Feuersalamander und Molche – und an den Mauern klettert wilder Wein empor.

2 / An der schützenden Feuermauer wurden mit Ziegeln umrahmte Gemüsebeete angelegt. Verschiedene Salate, Mangold (der schon im Frühling essbar ist!) und viele Erdbeeren wachsen hier oben und der wilde Bärlauch liebt sein schattiges Eckchen.

3 / Inmitten der grünen Insel schmeckt sogar das Essen besser, hier kann man dem täglichen Stress trotzen, entspannt seine Mittagspause verbringen, lesen, abschalten und Distanz gewinnen.

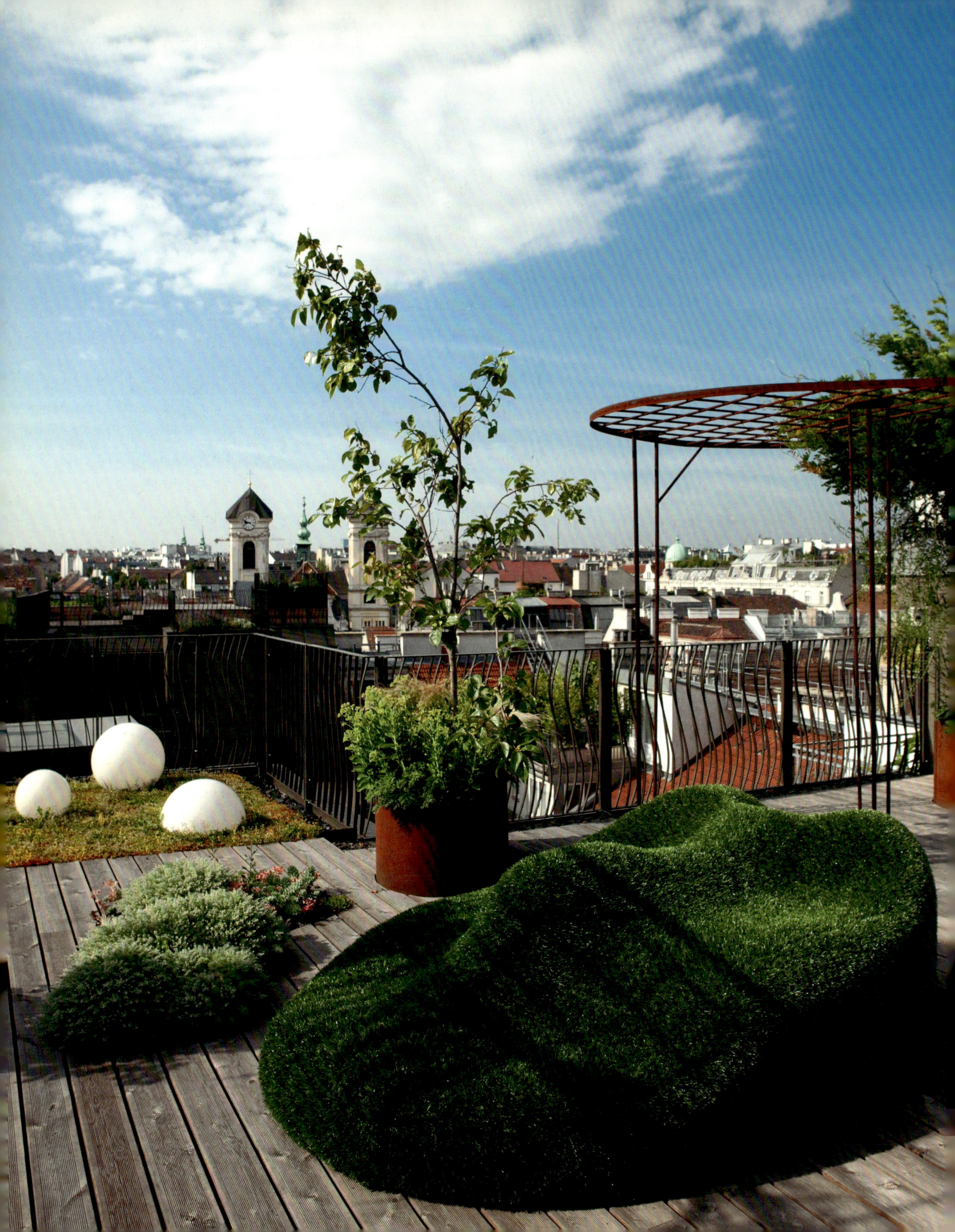

GRÜNE VISION MIT WEITBLICK

Genau an der Grenze zwischen dem 7. und dem 8. Bezirk liegt diese Dachgartenlandschaft im wahrscheinlich am dichtesten mit Dachgrün bestückten Gebiet der Stadt. Wohin auch immer der Blick schweift, überall recken sich grüne Wedel von den Dächern, man sieht mehrstöckige Gärten, Glashäuser und grüne Wände, soweit das Auge reicht. Bernd Hochwartner von *Weidlfein Gartenkunst & Landschaftsarchitektur* hat für seinen Bauherrn hier eine eher extensive Dachbegrünung, sprich einen „Mauerpfeffer-Fetthennen-Wahnsinn" hingelegt, um dem vom Statiker vorgegebenen Substrataufbau von nur 15 cm entsprechen zu können. An gewissen Punkten konnten auch höhere Gewichte, sprich Hochbeete, untergebracht werden.

Die Dachlandschaft für ein vielbeschäftigtes Paar verlangte eine pflegeleichte Gestaltung. Die Antwort darauf: großflächige Staudenbepflanzung im Kies und Gehölze und immergrüner Buchs als Abgrenzung zum Nachbarn. 450 m² wurden hier zur grünen Landschaft, dazu acht Balkone vor den Wohnräumen, die mit ausgesuchten Gräsern und Gehölzen in Containern bestückt wurden. Die Kiesabdeckung – hier sind es drei bis sechs Zentimeter große Schieferplättchen, die sich auch gut betreten lassen – eignet sich bestens gegen Verunkrautung und leistet hervorragenden Verdunstungsschutz. Hecken aus Rosmarinweide, Buchsbaum und Hechtrosen wurden in den Kies gesetzt, die Staudenbepflanzung ist vielfältig und mediterran.

Dem Wiener Wind trotzend, finden sich hier Lavendel und Heiligenkraut, Mädchenauge und Fette Hennen, Zwergiris, Walzenwolfsmilch, Sonnenhut, Katzenminze, Salbei und vieles mehr. In den Hochbeeten und Containern wachsen Birken, eine Schlangenhautkiefer, Holzapfel und Arizonazypresse, eine mehrstämmige Felsenbirne, eine Hänge-Atlaszeder, eine Nashi-Birne, ein hochstämmiger Feigenbaum und ein Sharon (Kaki) neben vielen Kletterpflanzen, die für Dachgärten immer das A und O sind.

www.weidlfein.com

Dachgärten sind in Wien sehr beliebt. Von Parklandschaften bis zu Containergärten beherbergen die Wiener Dächer Grün in allen Variationen. Hier, an der Grenze zwischen 7. und 8. Bezirk, entstand ein sehr moderner Dachgarten mit großflächigen, pflegeleichten Staudenpflanzungen.

1 / Rund um die Wohnetage liegen acht Balkone. Dieser ist eher eine außen liegende Nische mit flachem Wasserbecken und vertikalem Garten an der Frontwand.

2 / Der Treppenaufgang, der von den Wohnräumen zum Dachgarten führt, bekam eine extensive Begrünung als Decke. Hier wachsen Gräser und kleine Schwertlilien, die im Frühling blühen.

4

3 / Bernd Hochwartner war der erste Gartengestalter, der in Wien vertikale Gärten schuf, die eine Besonderheit im Stadtbild darstellen. Hier ist die senkrechte, dichte Bepflanzung mit Stauden gut zu erkennen, ein interessanter Kontrast zum urbanen Umfeld. Rechts dahinter erscheint am Horizont im dunstigen Licht das Wiener Rathaus.

4 / Kiesabdeckung ist zur Dachbegrünung gut geeignet. Hier wurden (im Vordergrund) drei bis sechs Zentimeter große Schieferplättchen verwendet, sie sind ein wirksamer Verdunstungsschutz, dezimieren Unkräuter, sind betretbar und äußerst pflegeleicht. Die Wege wurden mit Holzbohlen gestaltet und auch die Technik verschwindet teilweise in Holzcontainern.

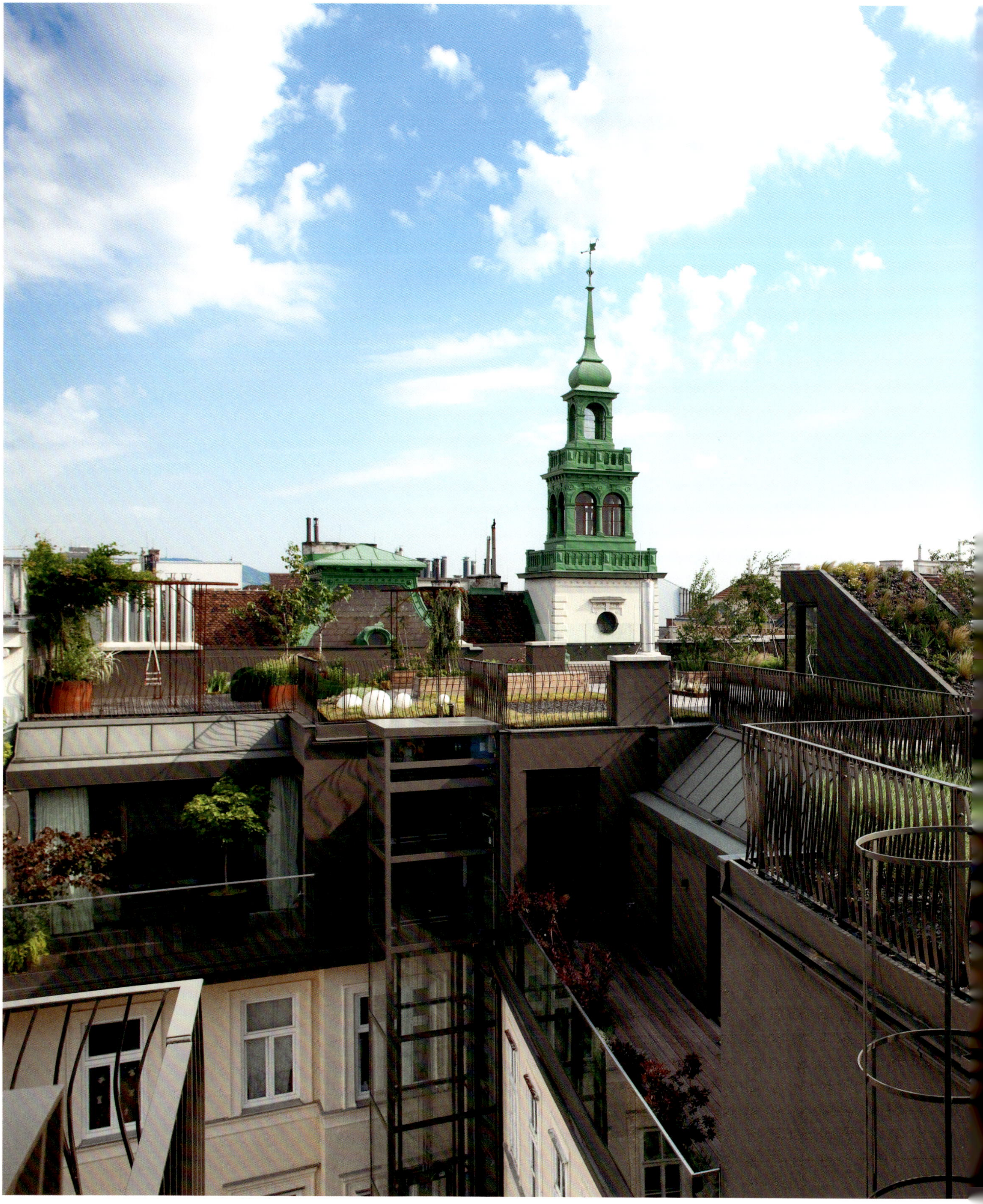

VIELFÄLTIGE DACHLANDSCHAFTEN / 71 /

Für die Balkone vor den Wohnräumen wurden winterharte Gehölze wie japanischer Ahorn und Perückensträucher in Eisencontainer gepflanzt. Auch auf der Dachfläche kamen neben Holzkisten und der direkten Pflanzung in den Boden einige Eisenkübel im Edelrostlook zum Einsatz. Im Bild sieht man die zweijährige Bepflanzung im Frühsommer, in absehbarer Zeit wird es hier ziemlich zugewachsen sein.

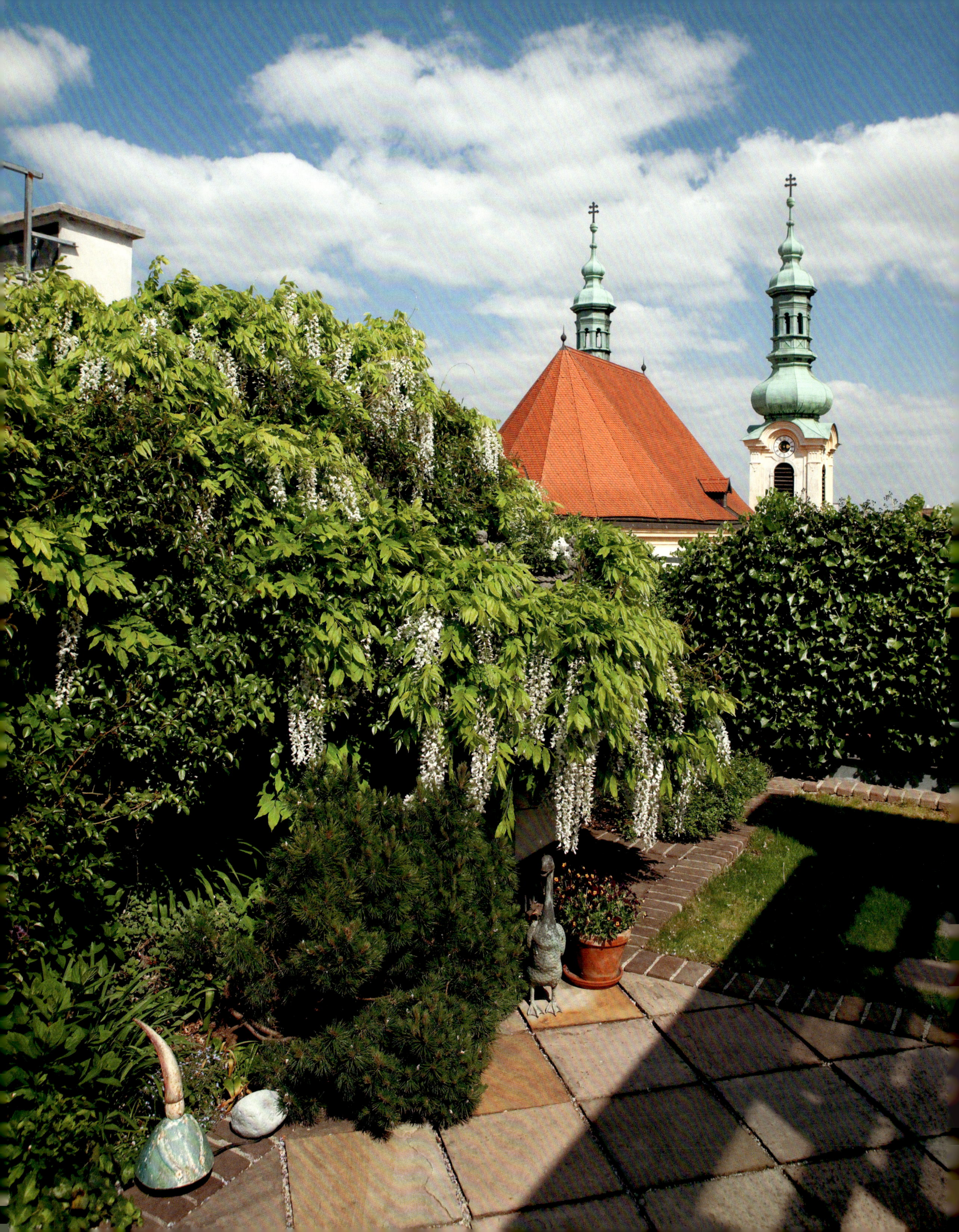

EIN GÄRTCHEN HINTER DEM KIRCHTURM

Barfuß im taunassen Gras den Morgen begrüßen, mit Blick auf die älteste Barockkirche Wiens, umgeben von einem Garten, in dem vom Frühjahr bis zum Herbst immer etwas blüht – das ist schon etwas Besonderes! „Wie auf einem fliegenden Teppich, der Sonne nahe", fühlen sich die Bewohner hier im Servitenviertel im 9. Bezirk Wiens seit zwölf Jahren sehr wohl. Das Glockenläuten der Servitenkirche vermittelt ein dörfliches Gefühl. Dabei lebt man hier sehr zentral, fühlt sich aber wie mitten in der Natur. Nur ca. 130 m² misst das Gärtchen, das sich um das zentral gelegene Glashaus schmiegt.

Die formale Grundgestaltung hat damals *Gartenbau Lederleitner* übernommen und im Laufe der Jahre entwickelte sich dieser windige, heiße Platz an der Sonne zum richtigen Garten. „Wir wollten keine Terrasse", erzählt der Hausherr, „sondern einen Garten mit Heckenschere, Rasenmäher und Handvertikutierer." Mit dem Rasenschnitt werden die von Buchshecken eingefassten Rosenbeete gemulcht und eine Bewässerungsanlage sorgt für problemlose Wasserzufuhr. „Als erstes blühen Schneeglöckchen, Frühlingsknotenblumen und die Felsenbirne", freut sich der Dachgärtner, „dann kommen violette und weiße Glyzinien wie Blütenwolken, Flieder und Etagenschneeball, im Spätfrühling Rosen und Clematis und im Sommer Roseneibisch, Rispenhortensien und Sommerflieder."

Die schattigen Beete sind mit vielen Funkien bepflanzt, die sonnigeren mit Rittersporn, Taglilien und Kräutern wie Lavendel und winterhartem Rosmarin. Auch tierische Besucher gibt es immer wieder: Hinter der Buchshecke brütete einmal eine Ente acht Küken aus; die wurden dann von der Tierrettung in einen nahe gelegenen Hof mit Wasserbecken verfrachtet – Leben pur hoch über der Stadt.

Im Angesicht der barocken Servitenkirche im 9. Bezirk wird hier oben angewandte Gartenkunst praktiziert. In die weiß blühende Glyzinie wurden eine Ramblerrose (Bobby James) und eine Clematis hineingepflanzt. Ist eine Pflanze verblüht, erwacht die andere zur Blüte.

1 / Verschiedene Sommerblumen in Töpfen sorgen neben der winterharten Bepflanzung mit Lavendel für Abwechslung und Gartenflair in luftiger Höhe.

2 / Nach zwölf Jahren ist so ein Garten auf dem Dach schon richtig eingewachsen. Blau und weiß blühende Glyzinien, Spiersträucher und eine überhängende Zeder ergeben ein üppiges Gartenbild.

3 / Lieblingsplatz der Dachbewohner ist das kleine Glashaus. Es wurde zum richtigen Rückzugsplatz, wunderbar geeignet zum Lesen und Entspannen oder für einen kleinen Plausch unter Gartenfreunden mit Blick ins Grüne. Ohne dieses geschützte Zimmer wäre es hier viel zu heiß oder zu kalt, auf jeden Fall zu windig.

Das Geländer ist so dicht mit Efeu überwuchert, dass es gar nicht mehr zu sehen ist. Wie im richtigen Garten wurden davor Rosenbeete mit dicken Buchsumrahmungen angelegt. Dazwischen lädt ein kleiner Sitzplatz zum Verweilen ein. Bodenbeläge aus Ziegeln und Steinplatten wechseln sich hier mit kleinen Rasenflächen ab.

1 (↑), 2

3

VIELFÄLTIGE DACHLANDSCHAFTEN / 77 /

„WIR WOLLTEN KEINE TERRASSE, SONDERN EINEN GARTEN."

1 / Die alles überrankenden Glyzinien sind im Frühling eine wahre Augenweide und verströmen zarte Duftwolken. Wie ein kleiner Park wirkt dieser klassische Dachgarten, durch die dichte, jahreszeitlich abgestimmte Bepflanzung blüht hier immer etwas. Und die vielen Immergrünen wie Efeu, Eiben, Buchs und Zeder machen den Garten auch im Winter attraktiv.

2 / Durch die Vertikale der Schornsteine, die kreisrunde Rasenfläche und die Unterschiedlichkeit der Bodenbeläge ist hier ein sehr vielfältiger Garten mit durchdachter Bepflanzung entstanden, der durch die Liebe und Zuwendung seiner Gärtner – und durch den phantastischen Ausblick – das Gefühl eines „fliegenden Teppichs" vermittelt.

3 / Neben dem Glashaus bleibt nur eine kleine Gartenfläche übrig. Andere Leute machen daraus vielleicht eine Terrasse, bestückt mit Kübelpflanzen. Aber das mit den Kübeln ist immer eine große Schlepperei und dann wollten unsere Dachgärtner auch unbedingt einen „richtigen" Garten, in dem Beete durchblühen und der Wechsel der Jahreszeiten spürbar wird.

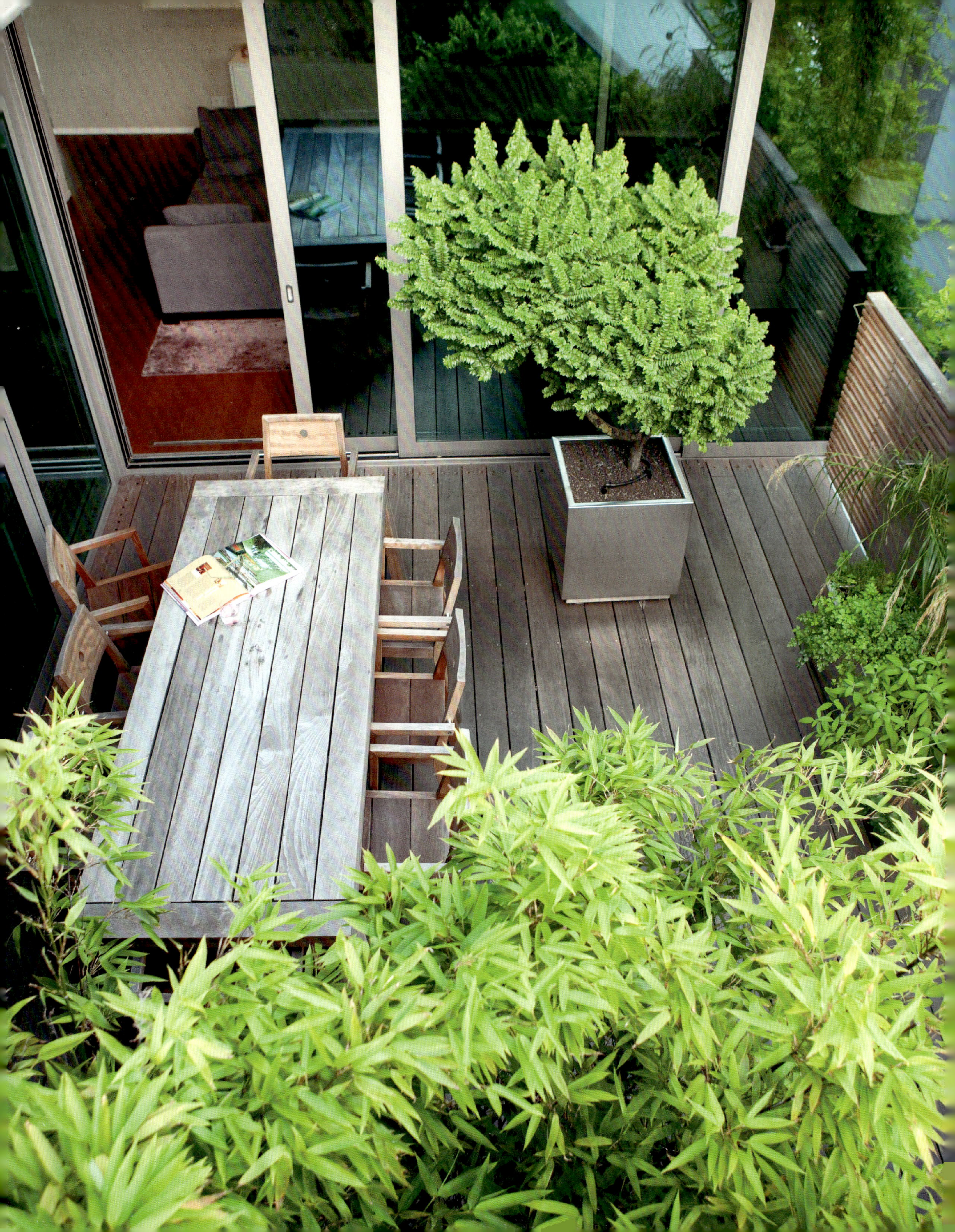

STRANDGEFÜHLE ÜBER DEN DÄCHERN

Holz, Kies, Strandhafer, Wasser – da entstehen gleich Strandgefühle, zumal das Häusermeer rundherum von allen Seiten an die zweigeschossige Dachgestaltung heranbrandet, die das Team *Stalzer Lutz Gartenarchitektur* der vom Architekturbüro Silberpfeil ausgebauten Dachgeschoßwohnung aufgesetzt hat.

ଚ

Wer die phantastische Aussicht genießen will, womöglich im Wasser liegend, muss hoch hinaus. Wie ein Balkon, der sich nach oben öffnet, sind die beiden Ebenen – Terrasse und Dachgarten – durch eine Klammer miteinander verbunden. Von der üppig mit Glyzinien umrankten Pergola auf der Terrasse vor dem Wohnraum, die als Ruheplatz dient, geht es über die gewundene Treppe hinauf, vorbei an den Pflanztrögen, die mittig im Geländer stehen.

ଚ

Unten ist die Stimmung lauschig und intim. Im Gegensatz dazu ist man oben auf dem Dach immer der Witterung ausgesetzt. Dadurch kann man sich aber, die Wiener Innenstadt zu Füßen, hier dem Himmel sehr nahe fühlen.

Belebte Freiräume und Raumerweiterungen hat der Bauherr sich gewünscht – durch einen Pool am Dach und Balkone vor den Fenstern der Wohnebenen ist das gut gelungen. Die Pools – Edelstahlbecken, ca. 7 x 2,5 m – sind nicht sehr groß, aber durchaus erholsam an heißen Tagen und es ist natürlich das pure Vergnügen im Wasser zu plantschen, das Rathaus vor Augen! Markisen schützen vor der Sonne und die dazugehörige Technik wurde unter Sitzbänken und in Boxen versteckt.

ଚ

Abends vermittelt die geschickt verteilte künstliche Beleuchtung eine besondere Stimmung, die dazu verlockt, von der geschützten Terrasse aus den Windungen der Treppe zu folgen, die weiteren Möglichkeiten zu erforschen, um dann berauscht von Glücksgefühl die umwerfende Aussicht zu genießen!

www.stalzerlutz.at

Direkt vor dem Wohnraum lädt der geschützt liegende Essplatz, gerahmt von Bambus, Gräsern und einer chinesischen Ulme im Edelstahlcontainer, zum Tafeln im Freien ein. Das fernöstliche Gewächs besticht durch kleinblättriges Laub und bizarre Wuchsform.

HOCH OBEN MIT PHANTASTISCHER AUSSICHT AUF DIE WIENER DACHLANDSCHAFT

1, 2 / Welch wunderbares Vergnügen, hoch über den Dächern im Wasser zu liegen – das Panorama des historischen Wien vom Stephansdom über die Kuppeln von Karls- und Peterskirche bis zum Hochhaus in der Herrengasse vor Augen!
Modernität und Komfort – der Edelstahl-Küchenblock erspart das ständige Rauf- und Runterlaufen – gepaart mit diesem phänomenalen Ausblick machen dieses „Wolkenkuckucksheim" mit Strandflair zu einem Erlebnis der Sinne.

3 / „Bilder von verlassenen Stränden" haben ihn inspiriert, erzählte der Architekt. Holz, Kies, Strandhafer, Wasser, all das wurde hier verwendet, und dazu kommt der aufregende Blick auf die Stadt, hier auf das nahe Rathaus.

4 / Die zwei Ebenen der Terrassenlandschaft – Rückzugsterrasse unten und „Stadtstrand" oben – verbindet die Treppe, die sich, glyzinienumrankt, mit Leichtigkeit in die Höhe windet.

VIELFÄLTIGE DACHLANDSCHAFTEN / 81 /

4

Ungewöhnliche Einblicke in die Wiener Dachlandschaft vermittelt die nach innen, zum Hof gewandte Seite der oberen Terrasse. Viele grüne Spitzen ragen von den umliegenden Dächern empor und zeigen, dass bereits viele Dachgärten der Stadt zu verbessertem Klima verhelfen. Friedensreich Hundertwasser hat es angeregt und die Wiener haben es sichtlich angenommen: Stadtgrün boomt in Wien!

VIELFÄLTIGE DACHLANDSCHAFTEN / 83 /

1 / Über die benachbarte Terrasse fällt der Blick auf die Kuppeln des Naturhistorischen und des Kunsthistorischen Museums. Die Ausstattung von Dachgärten in Wien ist sehr vielfältig, von der klassisch mit Oleandern bestückten Terrasse bis zum englischen Rasen in mehreren Ebenen gibt es hier jede Art von Gartenlandschaft.

2 / Entspannte Lounge-Eleganz vermittelt die klar konstruierte, zeitlose Sitzlandschaft aus Holzrosten mit Polsterauflagen, die bei Bedarf in den Holzkästen verschwinden können. Auch farblich wirkt die gesamte Ausstattung wie aus einem Guss.

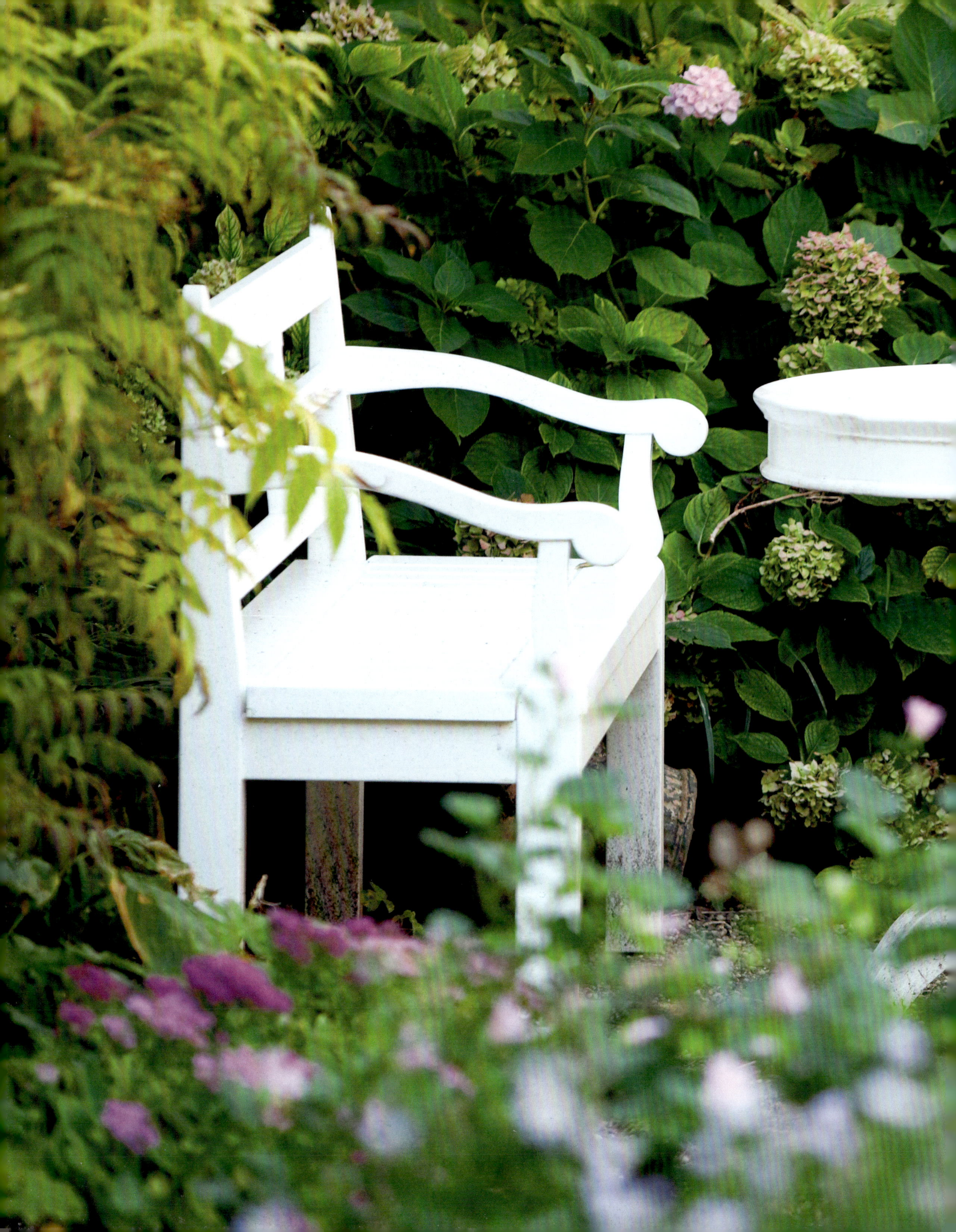

KAPITEL 3

VERLIEBT IN DIE VERGANGENHEIT

Was wären die Wiener Gärten ohne ihre Geschichte, ohne die Spuren der Vergangenheit, die in vielen Gärten auch heute noch sehr lebendig sind?

Der Respekt vor den formalen Gärten des Barock, den lieblichen des Biedermeier, den Schöpfungen des Historismus, des Jugendstil und der Zwischenkriegszeit veranlasste viele Wiener, geschichtsträchtige Gärten so zu bewahren, wie Vorgänger oder Vorfahren sie einst angelegt hatten. Dabei werden alle diese Gärten der Vergangenheit durchaus heutig, im Hier und Jetzt erhalten, gepflegt – und vor allem genossen!

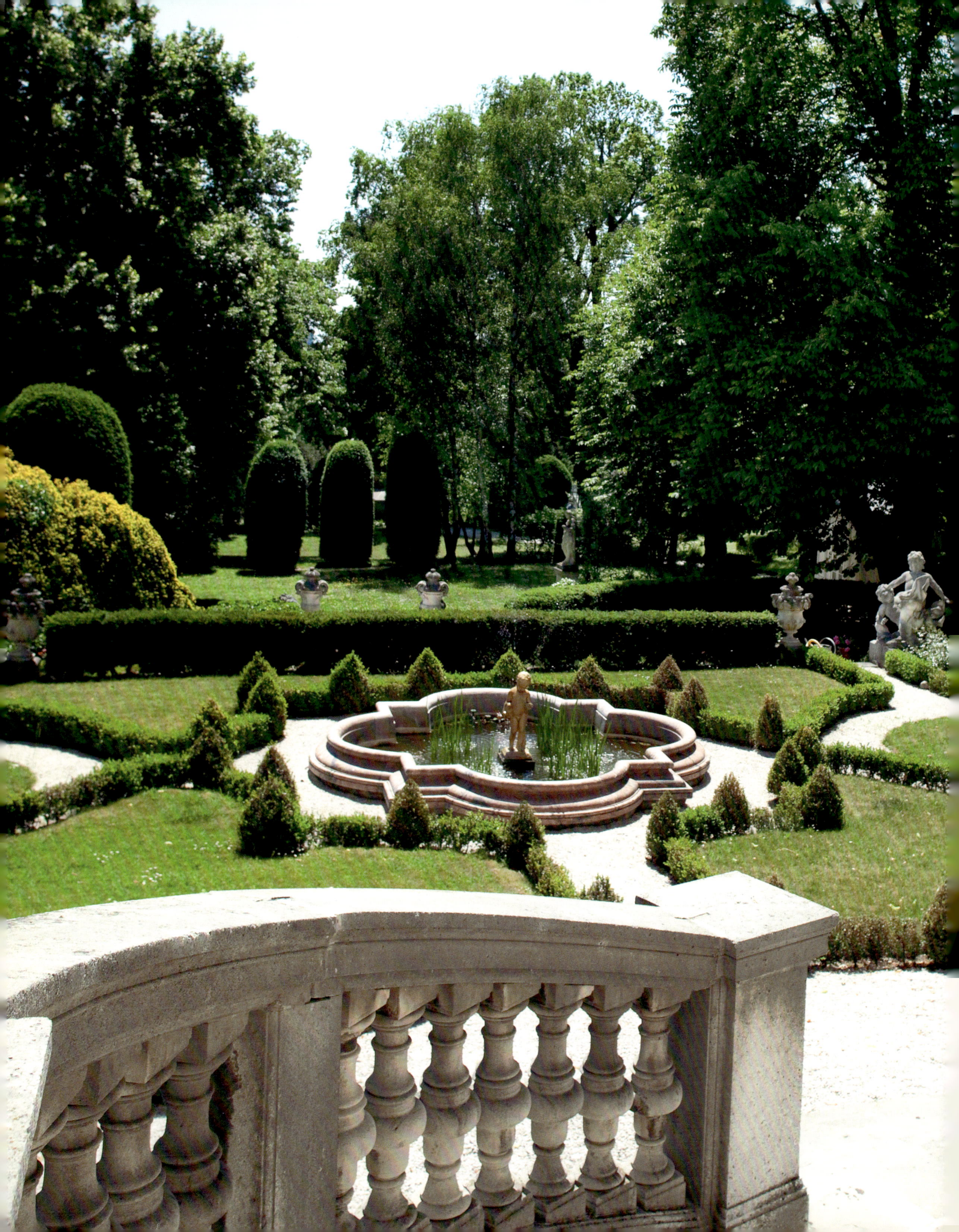

GELEBTE TRADITION

„Der Garten ist ein Teil von mir" – deutet die Dame des Hauses von der Terrasse aus über das spätbarocke Parterre auf all das Grün, das uns hier in Form eines parkartigen Gartens umgibt. „Hier bin ich aufgewachsen, habe als Kind im Sommer gespielt, in schneereichen Wintern sind wir hier sogar Ski gefahren und gerodelt!"

☙

Vor der 1896 in neubarockem Stil errichteten Villa, reich gegliedert, mit geschwungener Freitreppe und einem Wintergarten aus Eisen und Glas, liegt ein symmetrisches, rechteckiges Buchsparterre mit einem Wasserbecken aus rotem Marmor, einem herzigen Putto im Zentrum. Steinvasen und grimmig dreinblickende Löwen flankieren die Treppen, die in den umliegenden Garten führen, der von Anlage und Ausmaß her eher ein Park ist, mit Kieswegen und einem alten Gartenhaus neben dem Brunnen, dem „Pumpenhäuschen". Vor hundert Jahren wurde die heute noch funktionierende Bewässerungsanlage mit ihren fünf bis sechs über den Garten verteilten Anschlussstellen gebaut, die Wege bekamen Abwasserrinnen, die mit Kieselsteinen ausgelegt wurden. All das macht heute einen märchenhaften Eindruck.

Die Welt bleibt draußen im ruhigen 19. Bezirk, man erwartet unwillkürlich elegante Damen mit Sonnenschirmen und raschelnden Röcken, die auf den Wegen flanieren oder einen kleinen Ausflug durch das „Alpinum" im oberen Teil des Gartens machen. Auf einen Hügel wurde ein kleines, ländliches Häuschen gestellt, davor rauschte ein Wasserfall, der in einen Bach und mit diesem in einen Teich mündete.

☙

Solch rustikale Anlagen waren modern im Historismus, das Landleben wurde als Zitat in die Gartenanlagen geholt. Heute sind Wasserfall, Bach und Teich versiegt, nur eine (kleine) Schlucht mit Holzsteg und hohe, alte Bäume erinnern an die künstliche Gebirgslandschaft, an der die Urgroßeltern der heutigen Bewohner ihre Freude hatten.

Trotz geringfügiger Umgestaltungen im Laufe von hundert Jahren stellt diese Gartenanlage, die im ersten Jahrzehnt des 20. Jahrhunderts komplettiert wurde, bis heute ein äußerst gelungenes Beispiel späthistoristischer Wiener Gartenkultur dar.

1 / Das alte Glashaus im unteren Teil des Parks ist schon der Nachfolger der ursprünglichen, ersten Glashausanlage. Auf den großen Beeten davor werden bis heute frisches Gemüse, Kräuter und Sommerblumen angebaut. Daneben gibt es auch eine kleine Obstwiese mit Pfirsich- und einigen Zwetschgenbäumen.

2 / Im prachtvollen, formalen Ziergarten im neubarocken Stil schmücken steinerne Gartenfiguren wie diese Gruppe von Putti und zahlreiche Steinvasen das Buchsparterre unterhalb der Villa. Diese hochbarocke Mode wurde bis in den späten Historismus in vielen Parks und Gärten Wiens beibehalten und mit anderen Gartenformen vermischt.

3 / Auf dem Grundstück stand auch die Villa von Franz Matsch, einem bekannten Wiener Maler und Bildhauer der Jahrhundertwende, die 1945 vernichtet wurde. Heute erinnern nur noch zwei Säulen des zerstörten Malerateliers inmitten grüner Sträucher an diese künstlerische Vergangenheit.

4 / Der prächtige Wintergarten in damals ganz moderner Eisen-Glas-Konstruktion wurde direkt an das Villengebäude angebaut und ist von den Wohnräumen aus begehbar. Bis heute dient das historische Gartenzimmer der Ruhe und Entspannung in dieser ganz besonderen Atmosphäre, die nur ein mit Pflanzen ausgestatteter Raum bietet.

... UND DIE WELT VON HEUTE BLEIBT DRAUSSEN.

1 / Von der großen Terrasse führt eine geschwungene Freitreppe in den Garten hinunter. Heute dienen wetterbeständige, moderne Outdoormöbel der Entspannung. Vor hundert Jahren standen hier wahrscheinlich Weidenkorb-Gartenmöbel, die in der Zeit des Fin de Siècle und im anschließenden Jugendstil beim gehobenen Bürgertum sehr beliebt waren.

2 / Über das Wasserbecken mit seinem herzigen Brunnenputto fällt der Blick über die kleine Buchskegelhecke unweigerlich auf beeindruckende alte Gehölze: In der parkartigen Gartenanlage wurden einst Baumhasel und Linde gepflanzt, rechts ist eine riesige Goldeibe zu sehen und neben vielen anderen Bäumen finden sich hier auch Ginkgo, Rosskastanien, Robinien, Spitzahorn und viele Birken.

3 / Unterhalb der Buchshecken dienen zusätzlich gelegte Steine als Einfassung. In den Beeten wachsen ab dem späten Frühjahr Rosen und Sommerblumen, und im Frühling kann man sich an vielen Tulpen und Narzissen erfreuen. Der alte Gärtner, der die Familie schon lange begleitet, sorgt für Ordnung und Wohlergehen.

1 (↑), 2   3

1 / Die klassische Parkgestaltung mit unterschiedlichen Ebenen und Balustraden, gekiesten Wegen und viel Dekor in Form verschiedener Stein- und Steingussgefäße wurde von den nachfolgenden Generationen in ihrer ursprünglichen Form erhalten und liebevoll gepflegt.

2 / Auf einem Holzsteg kann man heute noch das kleine Tal überqueren, das eigentlich eine Schlucht darstellen soll, in der einst ein Bächlein floss, das in einen Teich mündete. Diese Art künstliche Gebirgslandschaft war Anfang des 20. Jahrhunderts auch in Wien in Mode, hier wurde sie 1908 im oberen Teil des Gartens angelegt.

3 / Das Alter der walzenförmig geschnittenen Eiben ist schwer zu schätzen, aber sie könnten durchaus aus der Entstehungszeit des Gartens stammen. Neben dem steinernen Herrn in der Wiese umranken Rosen ihren Bogen und im Hintergrund leuchtet ein blühender Strauch aus dem Halbschatten des verzauberten Parks hervor.

4

4 / *Die große, uralte Goldeibe hinter der Puttenkampfgruppe besticht vordergründig durch ihre ungewöhnliche Farbe. Sie wirkt in ihrer Kompaktheit wie ein kleines Gebirge und muss regelmäßig in Form geschnitten werden.*

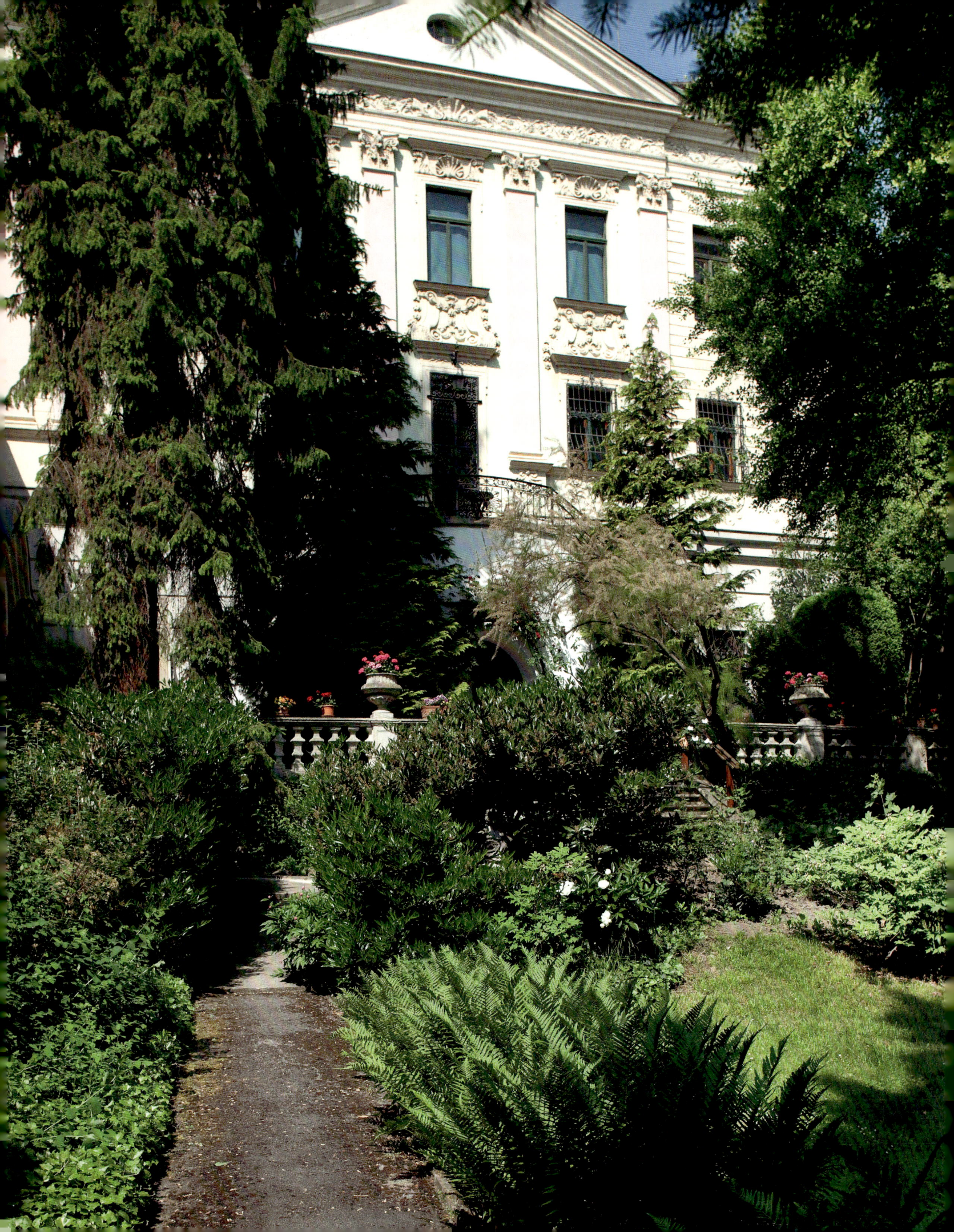

GELIEBTES VERMÄCHTNIS

Nussdorf, ein Teil des 19. Bezirks, hat, wie schon der Name sagt, mancherorts seinen dörflichen Charakter behalten. Wie überall in dieser Gegend findet man hier zwar auch elegante Villen, doch daneben immer noch die traditionellen Weinhauer- und Bürgerhäuser aus Barock und Biedermeier.

❦

Auf dem Weg in die Weingärten fällt ein rot-weiß beflaggtes Haus mit einer Gedenktafel ins Auge: Die straßenseitige Fassade zeigt ein typisches Bürgerhaus der Vorstadt. Dahinter würde wohl niemand ein dreigeschossiges barockes Schlössl mit einem weitläufigen Garten vermuten. Der knarrenden, geschwungenen Holztreppe im Haus abwärts folgend, öffnet sich hinter grünen Jalousien ein verschnörkeltes Gittertor und gibt den Blick auf blumengeschmückte Balustraden und hohe, alte Bäume frei.

❦

Von 1803 bis 1812 war der Textdichter der „Zauberflöte", Johann Emanuel Schikaneder, Besitzer des Schlössls, doch seinen heutigen Namen verdankt es dem Operettenkomponisten Franz Lehár, der den Besitz 1932 erwarb und bis zu seinem Tod 1948 besaß. Einige seiner Werke entstanden hier, unter anderem die „Giuditta". Lehár war, und das ist weniger bekannt, auch ein großer Gartenliebhaber, er bekam von der Stadt sogar eine Auszeichnung für seine besonders schöne Gartenanlage.

❦

Lehárs Erbe, sein Bruder General a. D. Anton Lehár, vermachte das Anwesen der heutigen Besitzerin, einer quirligen, reizenden alten Dame, die mich stolz und strahlend durch den Garten führt: „Der Garten macht mir besondere Freude und ist auch gut für die Gesundheit", erzählt sie begeistert, „seit den 20er-Jahren gibt es hier Feigenbäume, die gut schmeckende Früchte tragen, und die Steinfiguren stammen großteils noch aus der Schikaneder-Zeit". Unten im Garten plätschert der Springbrunnen, im Frühling duftet der Flieder, und die romantischen, weiß gestrichenen Gartenmöbel machen Lehárs Zeiten lebendig.

Dem romantischen Garten zugewandt ist die barocke, sogenannte Schauseite des 1737 erbauten älteren Teils des Lehár-Schlössls in Nussdorf. Kaum vorstellbar, dass am unteren Ende des Gartens die Schnellstraße nach Klosterneuburg vorbeirauscht.

1 / Nichts stört hier den Zauber der Historie, den dieser Garten ausstrahlt. Ein verwunschenes Reich aus vergangener Zeit öffnet sich dem Besucher, hier führt der Weg durch einen von Nymphen bewachtem Torbogen zu der mit Steinfiguren geschmückten Balustrade (3); von dort aus hat man einen grandiosen Überblick über den ganzen Garten.

2 / *Ob Franz Lehár wohl manchmal hier unten bei einen Kaffee saß und vom steinernen Zwerg bewacht in seinen Kompositionen versank? Die Gartengarnitur aus der Jahrhundertwende und alle anderen Bänke im Garten stammen noch aus seinem Besitz. Und im imposanten Gewölbekeller lagert noch ein zierlicher Gartentisch.*

3 / *Jahrhundertelang war das ursprüngliche Besitztum Freihof des Stiftes Passau. Wer aber die Steinreliefs errichten ließ, ist heute nicht mehr nachvollziehbar. Einige der vielen Steinfiguren standen hier sicher schon vor der Zeit Emanuel Schikaneders, einige wohl erst nachher. Doch bis heute ist der Garten Heimat für Zwerge und Nymphen, Heilige und Göttinnen.*

4 / *Die reizende alte Dame, in deren Händen das Wohlergehen dieses Gartenjuwels gut aufgehoben ist, liebt ihre Blumen und sorgt Jahr für Jahr für sommerliche Blütenpracht in Töpfen und Steinvasen. Die große Fichte hat schon Franz Lehár pflanzen lassen und auch einen Ginkgobaum hat der Komponist und Gartenfreund in sein verzaubertes Gartenreich gesetzt.*

SCHLÖSSCHEN UND ZAUBERGARTEN FÜR EINEN OPERETTENKOMPONISTEN

1 / Im tiefer gelegenen, unteren Teil des ummauerten Ziergartens sitzt ein Springbrunnenkind, eine Tritonfigur auf einem Felsen inmitten eines kreisrunden Beckens, flankiert von einigen Terrakotta-Musen im schattigen Farnkraut-Efeu-Beet. Die eher landschaftliche Gestaltung dieses Gartenteiles stammt wahrscheinlich schon aus den Anfängen des 19. Jahrhunderts.

2 / Von der balustradenbegrenzten Terrasse führt eine breite Treppe in den Garten hinunter. Durch die Schatten spendenden alten Bäume wie Rosskastanie und Bergahorn, Papierbirke und Säulenahorn wirkt der Garten zu jeder Tageszeit immer ein bisschen geheimnisvoll. Doch die vielen spätbarocken Gartenelemente zaubern Lebendigkeit in das Gartenreich.

3 / Unterhalb der steilen, geschwungenen Freitreppe, die vom oberen Stockwerk auf die Terrasse hinabführt, versteckt sich in einer rosenumrankten Wandnische ein hölzernes Wandspalier in Scheinarchitektur. Von dieser Nische aus gelangt man in beeindruckende, weitläufige Gewölbekeller.

VERLIEBT IN DIE VERGANGENHEIT / 99 /

2

3 (↑), 4

4 / *Um vom straßenseitig gelegenen Teil des Hauses in den gartenseitigen zu gelangen, muss man einen großen, gepflasterten Innenhof durchqueren. Hier wacht ein Triton Wasser speiend über einen Topf mit Stiefmütterchen.*

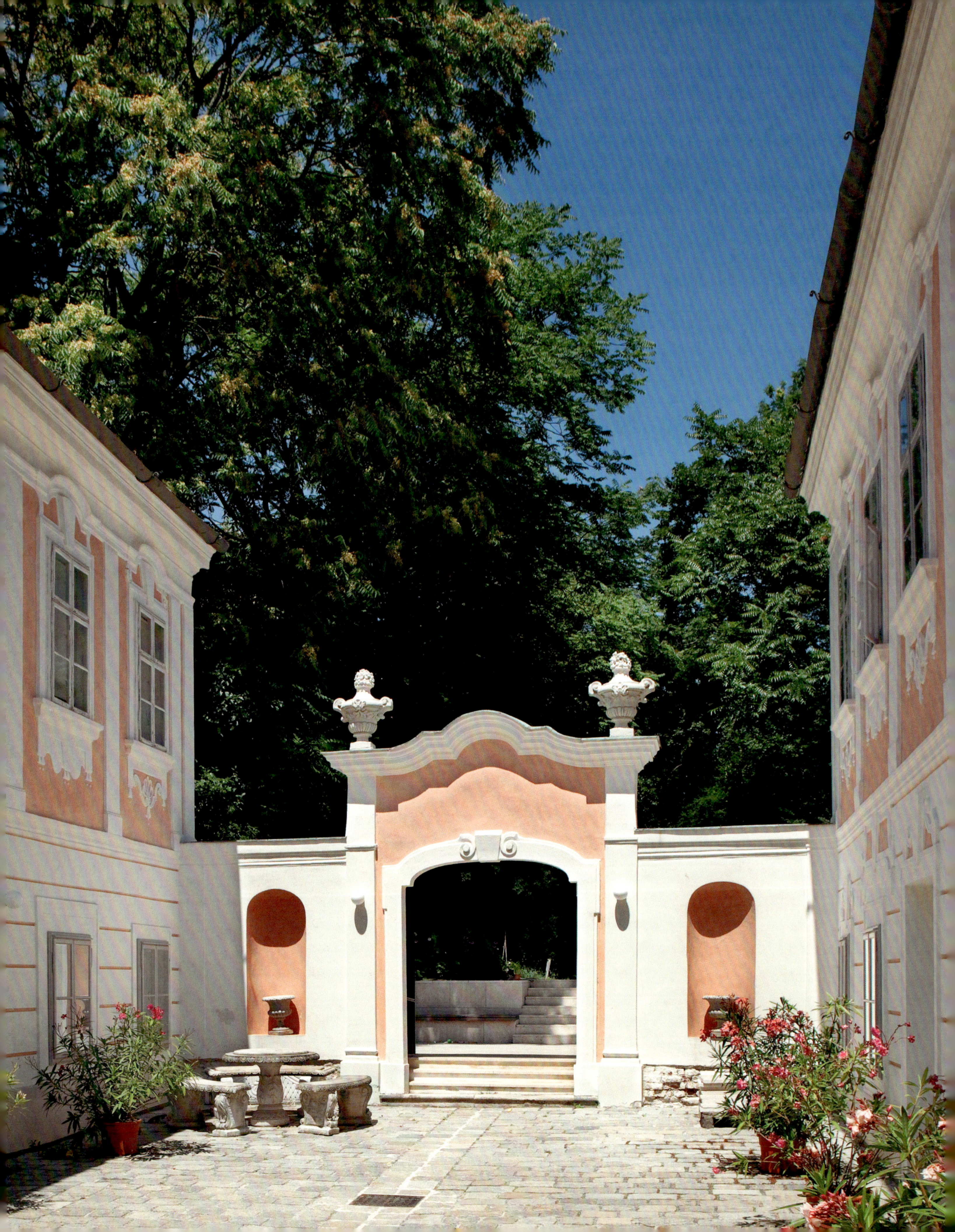

GARTEN MIT ZUKUNFT

„In der Nachkriegszeit", so bekamen die heutigen Bewohner des barocken Baujuwels aus der Zeit Kaiserin Maria Theresias von der Nachbarin erzählt, „war das ein richtiger Selbstversorgergarten mit vielen Obstbäumen" – Äpfel- und Zwetschgenbäume wuchsen da, wahrscheinlich wurde auch Gemüse angebaut.

Im historischen Teil von Penzing – dem 14. Wiener Gemeindebezirk – gibt es noch einige sehr große Gärten. In den Straßen ist alles durchlaufend verbaut, aber hinter den Häuserzeilen überraschen Gartenanlagen, die man so hier kaum vermutet.

Das in frischem Hellgrau neu gestrichene Tor öffnet sich und gibt den Blick frei auf den mit Oleandern bestückten Innenhof und ein Gartenportal mit barocken Steinvasen. Ganz in apricot-weiß, wurde die Fassade des anmutigen Anwesens aus dem Jahre 1740 in jüngster Zeit vom Denkmalamt in den Originalzustand versetzt, nachdem es jahrzehntelang einen eher tristen Anblick bot. Heute, mit einer jungen Familie als neuen Besitzern, wirkt es frisch, sehr fröhlich und beschwingt. Im wohnlichen Gartenhof, der um Einiges vergrößert wurde, entstand eine Sitzlandschaft aus Holzbänken, an der Mauer zum Nachbarn ranken rote Kletterrosen und an die neu angelegte Rasenfläche und uralte Buchshecken anschließend liegt geheimnisvoll unter hohen Bäumen der restliche Garten.

Insgesamt 2.500 m² Gartenfläche werden es schon sein. Wie es hier wohl im 18. Jahrhundert ausgesehen haben mag? Heute spielen die Kinder der Familie fröhlich in der Wiese und die Hausherrin träumt von einem Schwimmteich im hinteren Teil und wogenden Blumenbeeten vorne beim Haus. „Häuser mit Geschichte haben uns schon immer gut gefallen. Aber dass es so etwas Altes, Denkmalgeschütztes wird, davon haben wir nicht einmal geträumt. Und dieser wunderbare, große Garten – das ist schon sehr verlockend, hier etwas ganz Neues entstehen zu lassen."

Ein Landhaus aus dem zweiten Viertel des 18. Jahrhunderts ist dieses im neuen Glanz erstrahlende Baujuwel. Aus dem mit Oleandern bestückten Innenhof gelangt man durch ein mit barocken Gartenvasen gekröntes Gartenportal aus der Epoche Maria Theresias in einen schattigen Familiengarten.

1 (↑), 2   3

1 / Der gemauerte Gartenpavillon stammt sichtlich aus der ersten Hälfte des 19. Jahrhunderts und unterscheidet sich schon durch die Farbgebung von Haus und Hof. Er ist von hohen, kantig geschnittenen Buchsbaumhecken umgeben. Im Vordergrund sieht man große Büsche chinesischer Strauch-Pfingstrosen, die zum Zeitpunkt dieser Aufnahme längst verblüht waren.

2 / Das Weglein führt in den hinteren Garten, der heute den Kindern der Familie zum Austoben dient und erst in Zukunft Stück für Stück in einen romantischen Grünraum verwandelt werden soll. Ganz hinten an der Grundgrenze steht ein alter Apfelbaum und im anschließenden Gartenteil zwei uralte weiße Maulbeerbäume – eine Rarität.

3 / *Wie ein Relikt aus vergangenen Tagen liegt der ehemalige barocke Landsitz inmitten seiner heutigen Umgebung. Ursprünglich reichte das Erdreich bis an die Hausmauer. Bei der Renovierung wurden der Hof neu gepflastert und durchgehende Sitzbänke aus Holzbohlen eingebaut. Die Steinmauer zum Nachbarn erhielt eine Bepflanzung mit rot und rosa blühenden Kletterrosen.*

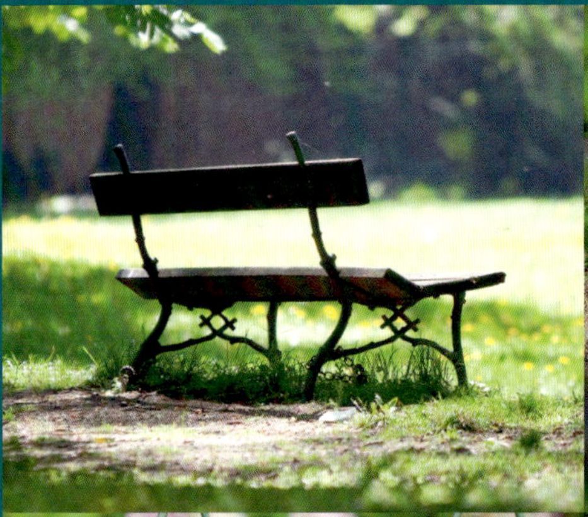
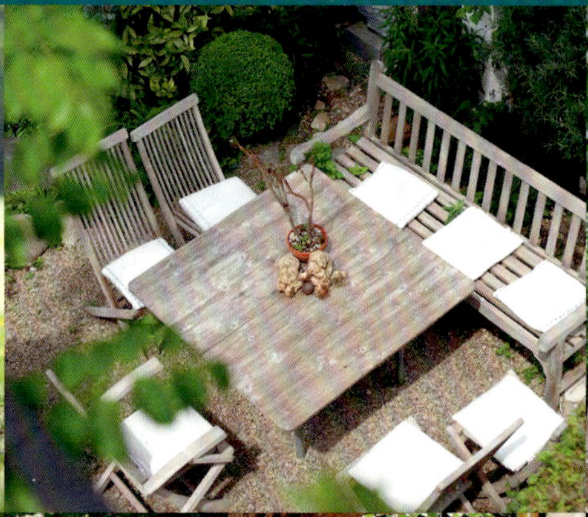
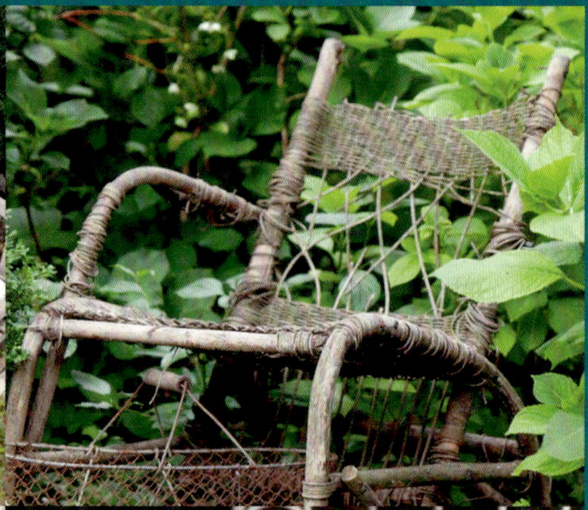
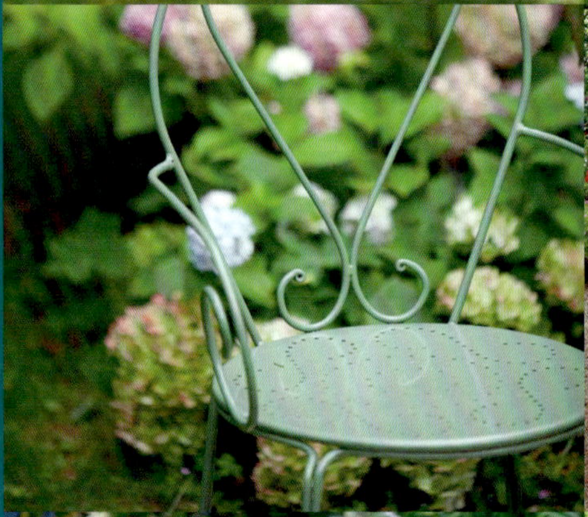
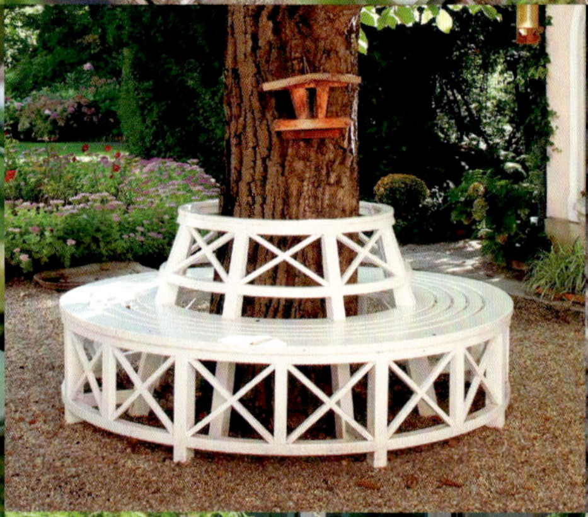
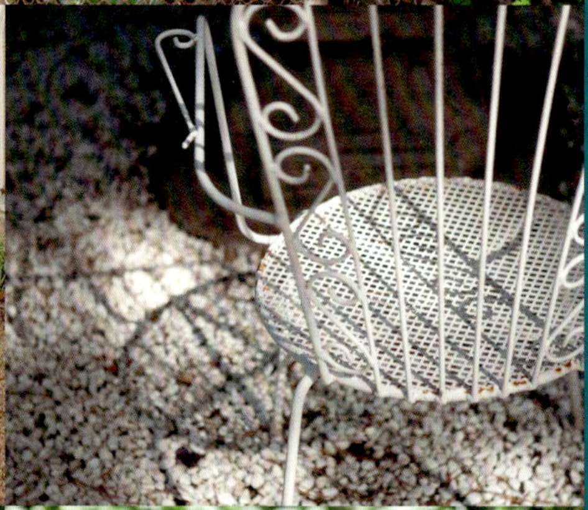
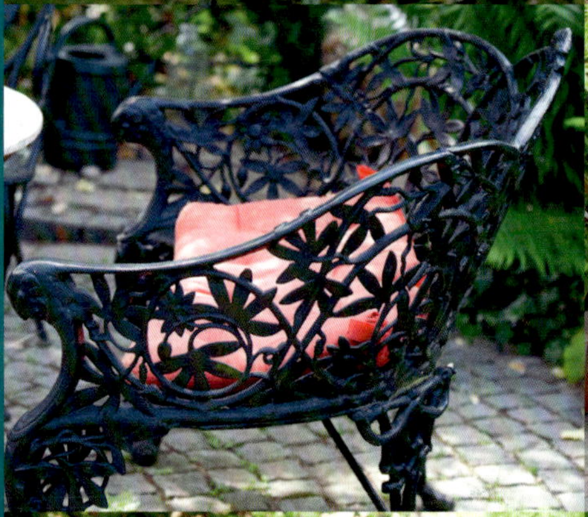
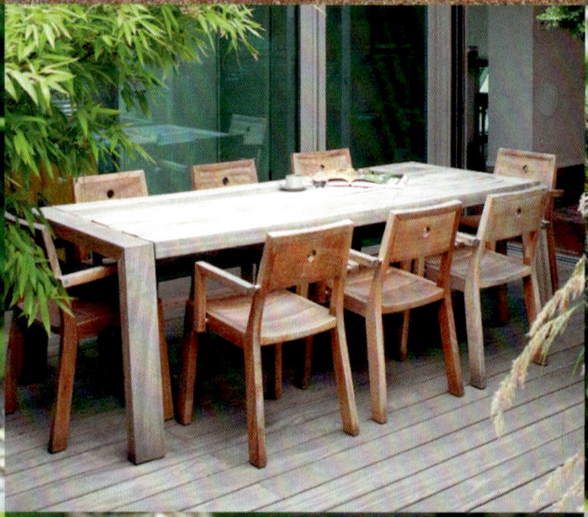
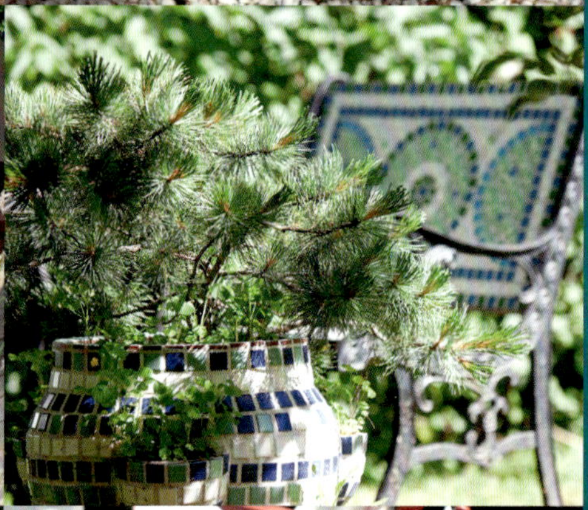
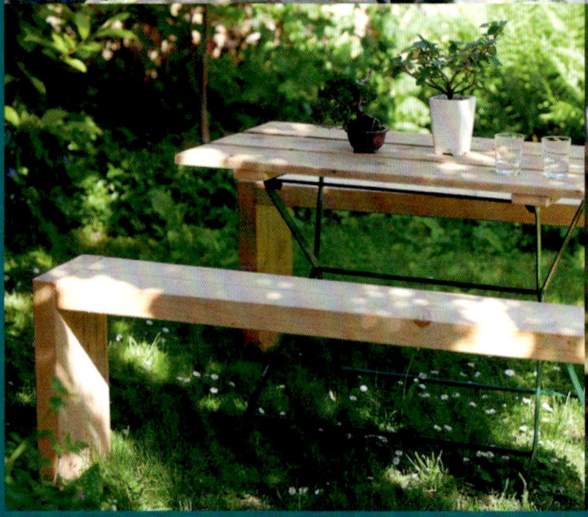
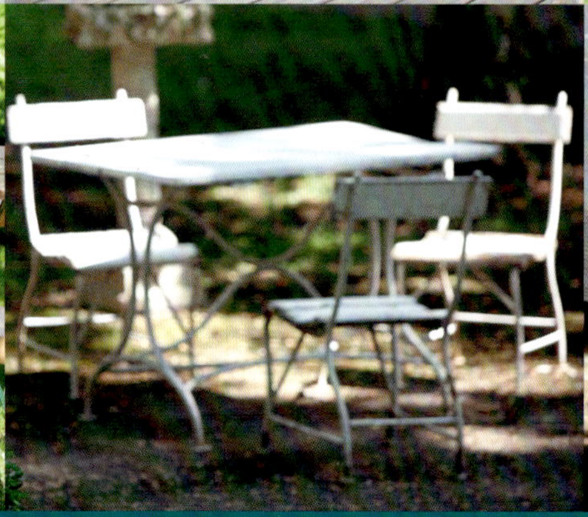
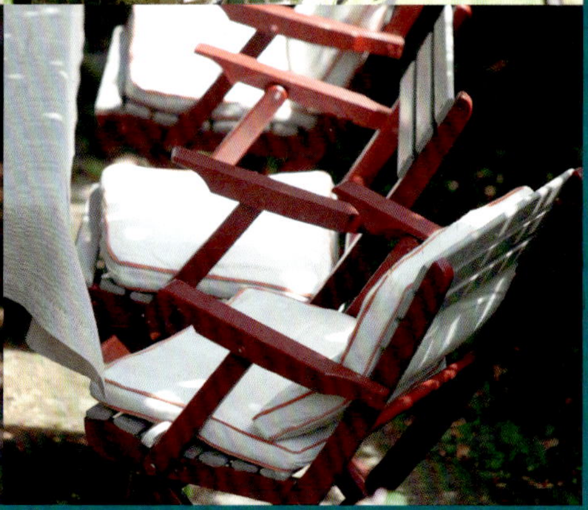

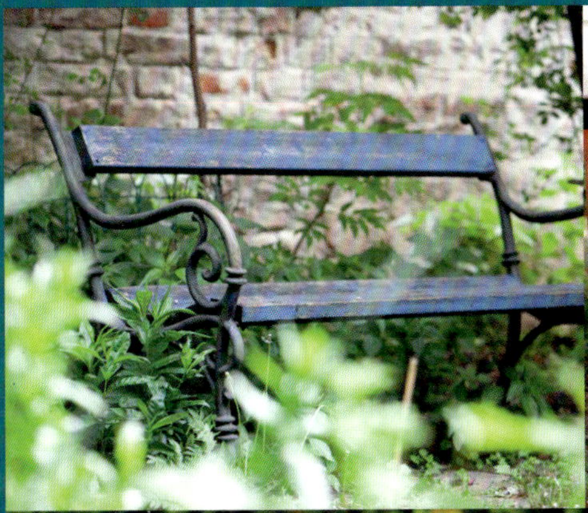
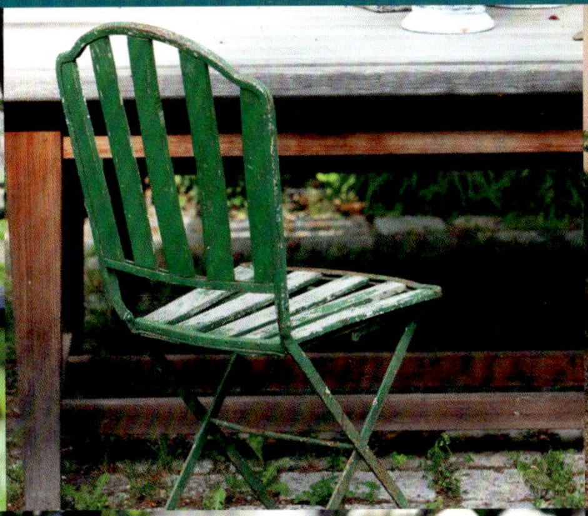
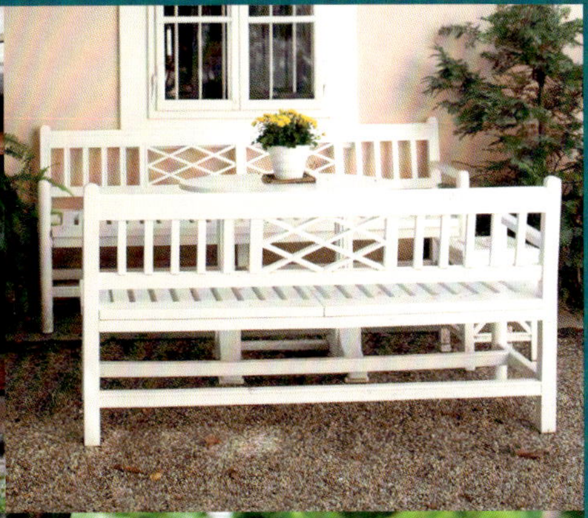
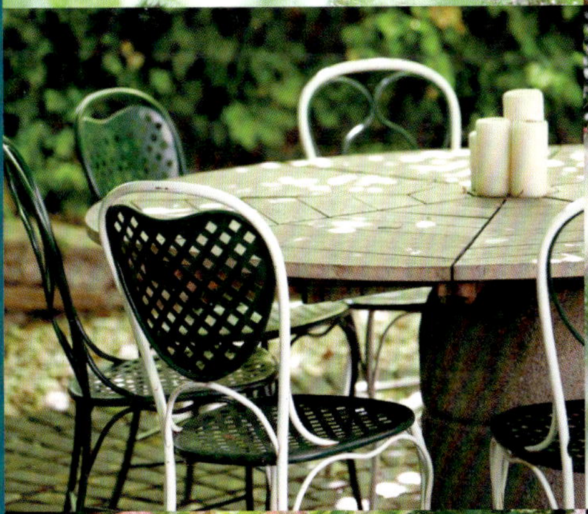
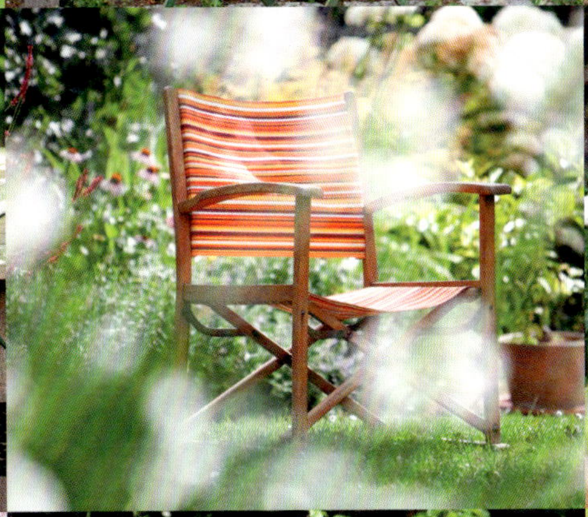
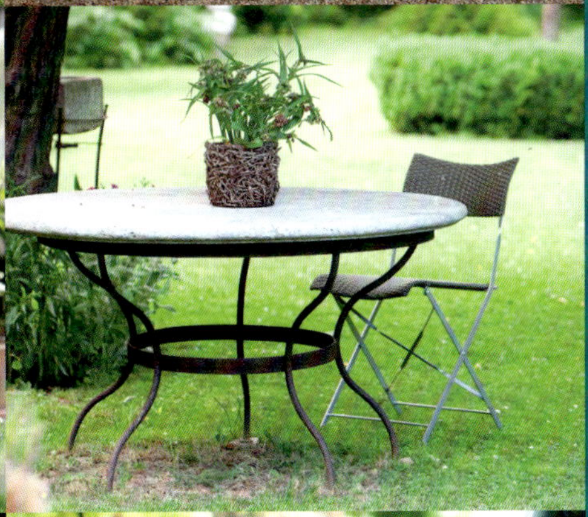
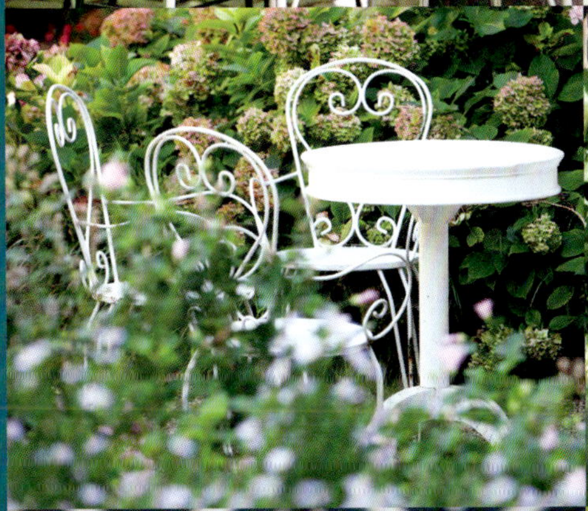
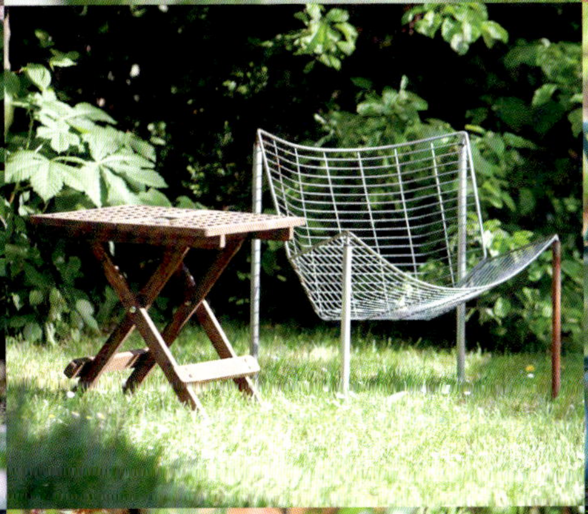
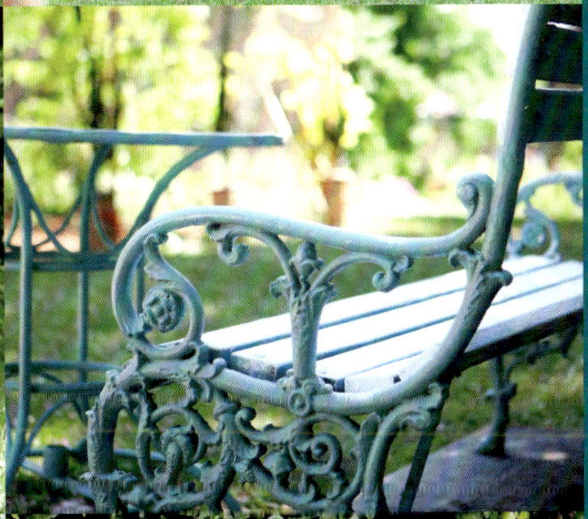
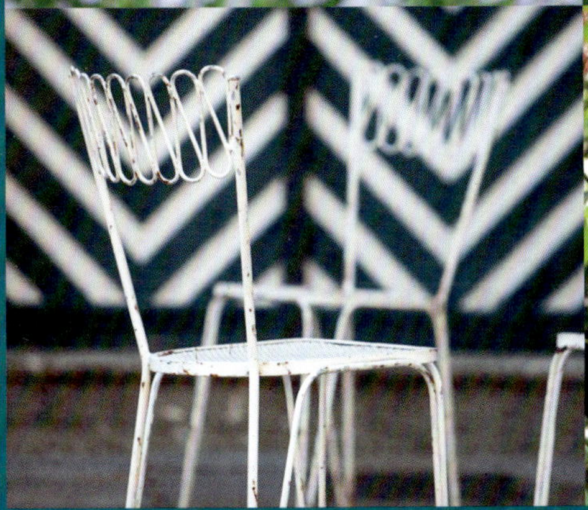
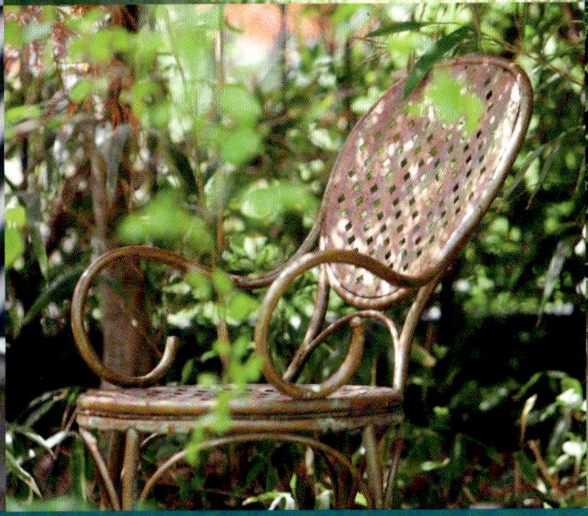
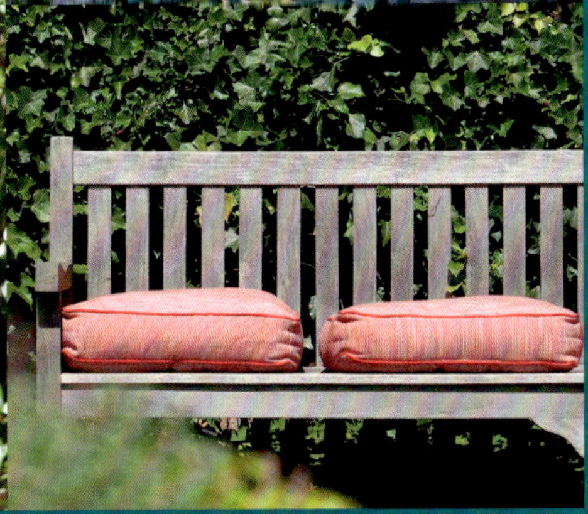

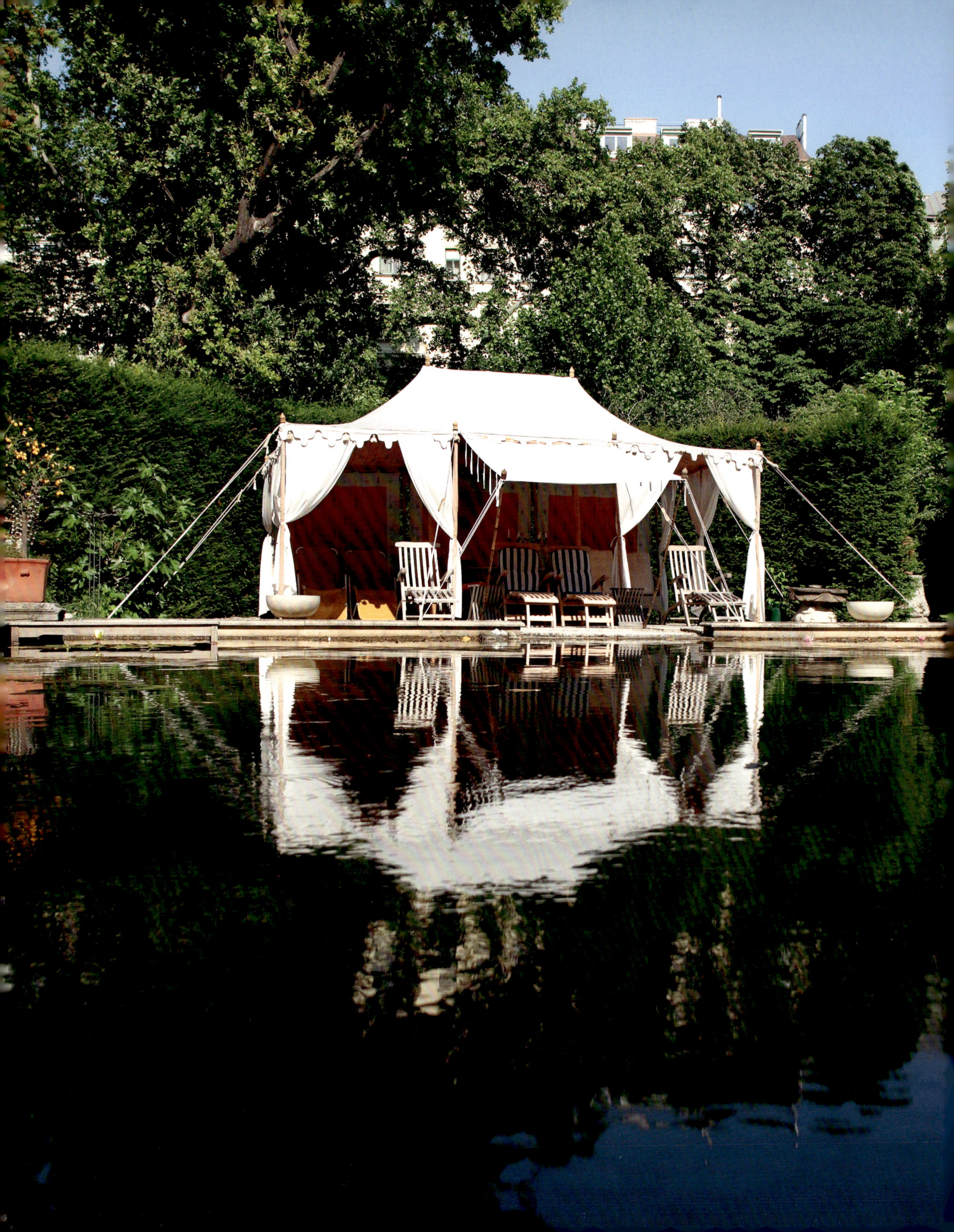

DAS WUNDER HINTER DER HECKE

Das Wiener Palais Liechtenstein in der Rossau im neunten Bezirk kann mit einer spannenden, abwechslungsreichen Geschichte aufwarten. Es ist ein Ort der „Lebenslust und Sinnesfreude", wie man auf der aktuellen Homepage erfahren kann. Das ist auch hier im Park zu spüren, der vor einigen Jahren von der renommierten Gartengestalterin Cordula Loidl-Reisch ein historisch fundiertes, aber durchaus heutiges Aussehen erhielt. Aber wieso Wunder?

Hinter dem duftigen Blütenparterre endet der öffentlich zugängliche Park an geschwungenen, doppelten Hainbuchenhecken, dahinter wuchert geheimnisvoll ein Bambuswäldchen und dichtes Grün verwehrt dem Spaziergänger den Einblick. So bleibt der Blick auf ein langgestrecktes Gebaude mit klassizistischem Vorbau verwehrt, welches den Beginn des privaten Landschaftsgartens markiert, der sich dahinter verbirgt. Natürlich steckt hinter der Hecke auch eine Geschichte: Als der Wiener Architekt Otto Rau 1988 nach einem Museumsbesuch im Liechtensteinpark herumspazierte, entdeckte er ein wunderschönes, unbewohntes Gebäude, das er kurz entschlossen für sich mietete und (aufwendig) renovieren durfte.

Rund um den einstigen Billardsalon eines der Fürsten, der im 19. Jahrhundert zur „Kapelle" wurde, lag ganz verwachsen ein separierter Teil des Parks. Seit den 1950er-Jahren hatte dieser die unterschiedlichsten Funktionen: Fertigteil-Musterhäuser waren hier aufgestellt, eine große Lagerhalle wurde erst zum „Bauzentrum" und danach Lager einer Kunststiftung. Als Rau die „Kapelle" restaurierte, waren überall noch deren Fundamente zu sehen. Das alles würde man jetzt nicht mehr für möglich halten … Heute nutzt ein Wiener Augenarzt die „Kapelle" als Ordination und hat als großer Gartenliebhaber in Koordination mit der fürstlichen Gartenverwaltung hinter seiner Hecke – oh Wunder – einen phänomenalen Landschaftspark erstehen lassen!

Vor dem formal eingefassten Schwimm-Biotop lädt in der Gartensaison ein orientalisch anmutendes Zelt zum Verweilen ein. Ein wunderbarer Anblick, unmittelbar neben einem öffentlich zugänglichen barocken Park, nur durch eine doppelte Hecke vor neugierigen Blicken geschützt.

1 / Die üppig blühenden Hortensienbüsche gehören zu den Lieblingspflanzen des gartenambitionierten Augenarztes, dessen Ordination mit der ehemaligen Kapelle einen spektakulären Standort hat. Statt drinnen zu warten, können die Patienten im Sommer im Grünen herumspazieren.

2 / Der die Natur liebende Mediziner und seine Frau fahren kaum mehr auf Urlaub, sie nützen ihr naturnahes Paradies mitten in der Stadt für spontane Auszeiten oder auch nur kurze Erholungspausen von der anstrengenden Arbeit. „Einfach die Tür öffnen und schon ist die Entspannung da!", freut sich der Arzt über sein urbanes Gartenreich.

3, 4 / Völlig zugewachsen ist das ebenerdige Gebäude heute. Die Figuren auf dem Dach werden von Zeit zu Zeit vom wuchernden wilden Wein befreit. In der Wiese vor dem gartenseitigen Eingang wächst tatsächlich ein Granatapfelbäumchen. Trotz Winterschutz ist erstaunlich, dass so ein Gehölz aus dem Mittelmeerraum in unseren Breiten gedeiht.

VERLIEBT IN DIE VERGANGENHEIT / 109 /

2 (↑), 3   4

1 / Am unteren Ende des Schwimmteichs bilden erst eine Buchshecke, dann Bambus und die zweifache Hainbuchenhecke eine blickdichte Abgrenzung zum öffentlichen Park. Aber erst seit das Areal auch eingezäunt wurde, müssen Parkbesucher, die anfangs hier gerne durchmarschierten, draußen bleiben.

2 / In Absprache mit der Liechtenstein'schen Verwaltung wurde dieser Teil des alten Parks in eine großteils naturnahe Gartenlandschaft verwandelt. Das ca. 4.000 m² große Areal wird wöchentlich von einer professionellen Gärtnerin gepflegt – nur seinen Rasen mäht der gartenliebende Mediziner gerne selbst mit dem Rasenmäher-Traktor.

3 / *Durch das Haus Liechtenstein wurden beschädigte alte Kastanienbäume gefällt und ausgegraben, der verwilderte Garten gerodet und planiert und auf der entstandenen freien Fläche Gras angebaut. Als Ersatz pflanzte der Arzt Ginkgo und Speierling, Osagedorn, französischen Feldahorn, drei Zerreichen und eine Baummagnolie.*

4 / *Im Laufe der letzten Jahre entstand hier eher ein Landschaftspark als ein Hausgarten. Für das Paar aber in jedem Fall eine phantastische Oase der Gartenkultur mitten in der Großstadt. Der von Gräsern und Wildstauden eingerahmte kleine Teich bietet von dem mobilen Sitzplatz aus einen wunderbaren Blick auf das Gartenpalais.*

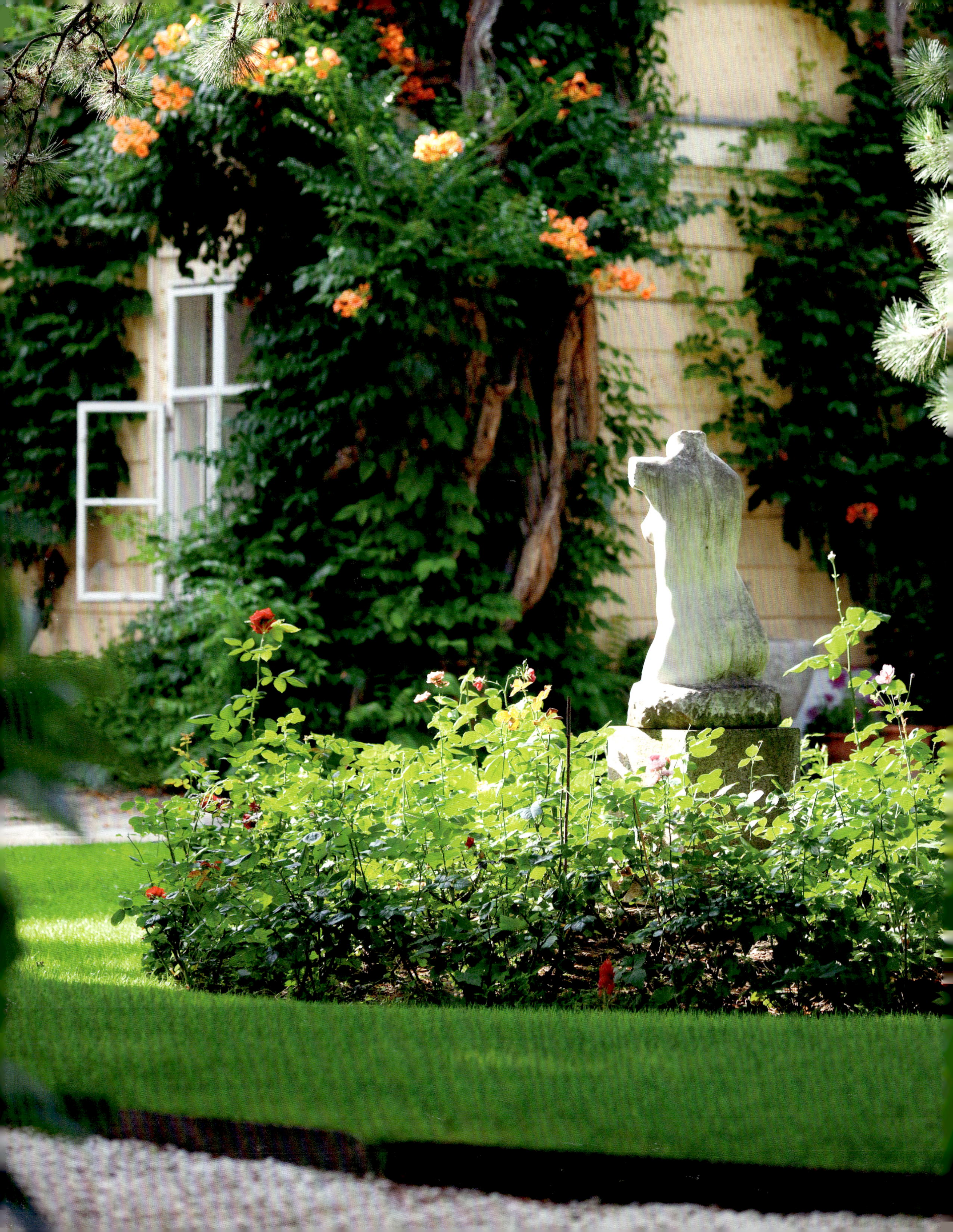

FORMSCHNITT UND GLÜCK-SELIGKEIT

Oft bin ich sehnsüchtigen Blickes an dieser Gartenmauer vorbeigefahren, die hohen, zu Kegeln geschnittenen Eiben bewundernd, die dahinter emporragten. Dass sich im Zuge der Recherche zu diesem Bildband das Gartentor für mich öffnete, empfand ich als große Freude. Ein braungebrannter, älterer Herr, dem man seine 88 Jahre wirklich nicht ansah, empfing mich freundlich und führte mich in seinen geliebten „Landhausgarten". Durch seine verstorbene Ehefrau, deren Familie das Haus 1910 erworben hatte, war der „Herr des Gartens" zu seiner, nun schon sehr lange gepflegten, großen Liebhaberei gekommen.

Das U-förmige Haus in Hietzing, dem Schönbrunn nahen Teil des 13. Bezirks, wurde ca. 1782 erbaut und dahinter ein Garten angelegt. Für die Wiener Gesellschaft gehörte es damals zum guten Ton, in der Nähe der kaiserlichen Sommerresidenz ein Landhaus zu haben. In den folgenden Jahrhunderten wurde der Garten immer wieder verändert, im Frühjahr 1943 haben sechs Bomben viele der uralten Eiben zerstört. Teilweise traten Buchsbäume an ihre Stelle.

Durch Reisen nach England und Irland erwachte im heutigen Besitzer gärtnerisches Interesse und er begann in den 1950er-Jahren zusammen mit seiner Frau, das Gartenareal gezielt umzugestalten. Mit Hilfe von Anton, einem Schönbrunner Gärtner, gelang es, die großen, formal geschnittenen Gehölze zu gestalten und vor allem zu erhalten.

Heute misst der Garten ca. 2.000 m² und beeindruckt durch seine uralten Bäume. Viele der Eiben und Buchsbäume sind über hundert Jahre alt, der älteste Baum, eine Schwarzkiefer, stammt aus der Entstehungszeit und zählt wahrscheinlich um die 250 Jahre. Für seinen Erhalter bedeutet der Garten vor allem Glück – „Dass ich im Großen und Ganzen sehr ausgeglichen bin und gesund für mein Alter, verdanke ich nur dem Garten."

Der weibliche Steintorso inmitten eines klassischen Rosenbeets stellt den zentralen Blickfang dieses Gartens dar. Und dahinter, an der Hausmauer, rankt eine Trompetenwinde empor, die – wie an dem dicken Stamm ersichtlich – wohl auch schon an die hundert Jahre alt ist.

Der parkartige Villengarten strahlt durch die Kombination der formalen Anlage mit majestätischen alten Bäumen große Ruhe aus. Ein leicht abgesenktes Rasenquadrat im Vordergrund findet seinen Kontrast in dem kreisrunden Rosenbeet. Das Haus selbst ist fast völlig von Glyzinien überwachsen, die es im Frühling mit duftenden lila Blütentrauben überziehen.

1 / Mit Marmorkies belegte Gartenwege führen rund um die große Rasenfläche, von blühenden Beeten unterbrochen, die hier mit Hortensien bepflanzt wurden. Die Eibenkegel rechts bekamen eine dichte Unterpflanzung mit Riesensteinbrech (BERGENIA), dazwischen stehen sehr alte chinesische Strauchpfingstrosen, deren Blüte ein Höhepunkt des Frühlings ist.

2 / Einer der alten Trompetenbäume zeigte beim Beschneiden erstaunliche 187 Jahresringe, doch der älteste Baum ist hier die imposante Schwarzföhre mit ihren 250 Jahren! Eiben und Buchsbäume werden auf über hundert Jahre geschätzt und die Gehölze, die der Herr des Gartens selbst gepflanzt hat, zählen auch schon mehr als fünfzig Jahre.

DER GARTEN BEEIDRUCKT DURCH RUHE UND SEINE URALTEN BÄUME.

Über den von Steinvasen in Funkienbeeten umrahmten Sitzplatz fällt hier der Blick in den weitläufigen Garten. Das Bild wird geprägt von der Mischung wild wachsender und in Form geschnittener, alter Gehölze. Eiben in spitzkegeliger Form und beeindruckend große Buchskugeln wechseln sich ab mit Trompetenbäumen (CATALPA) und Hängemaulbeere (MORUS ALBA PENDULA).

gegenüber / *Rund um den Methusalem von Schwarzföhre – wirklich beeindruckend für einen Gartenbaum – entstand eine klare Komposition aus grüner Fläche und weißen Wegen, die durch jahreszeitlich unterschiedliche Blüten aufgelockert wird. Einige Gehölze in diesem Garten wurden wohl zur gleichen Zeit gepflanzt wie die großen Eibenkegel im Schönbrunner Schlosspark.*

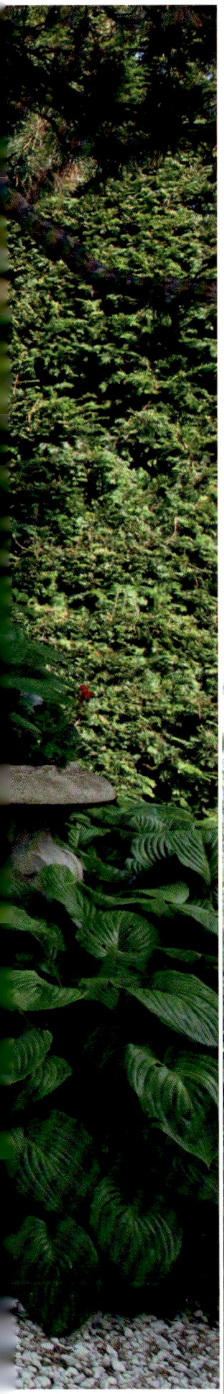

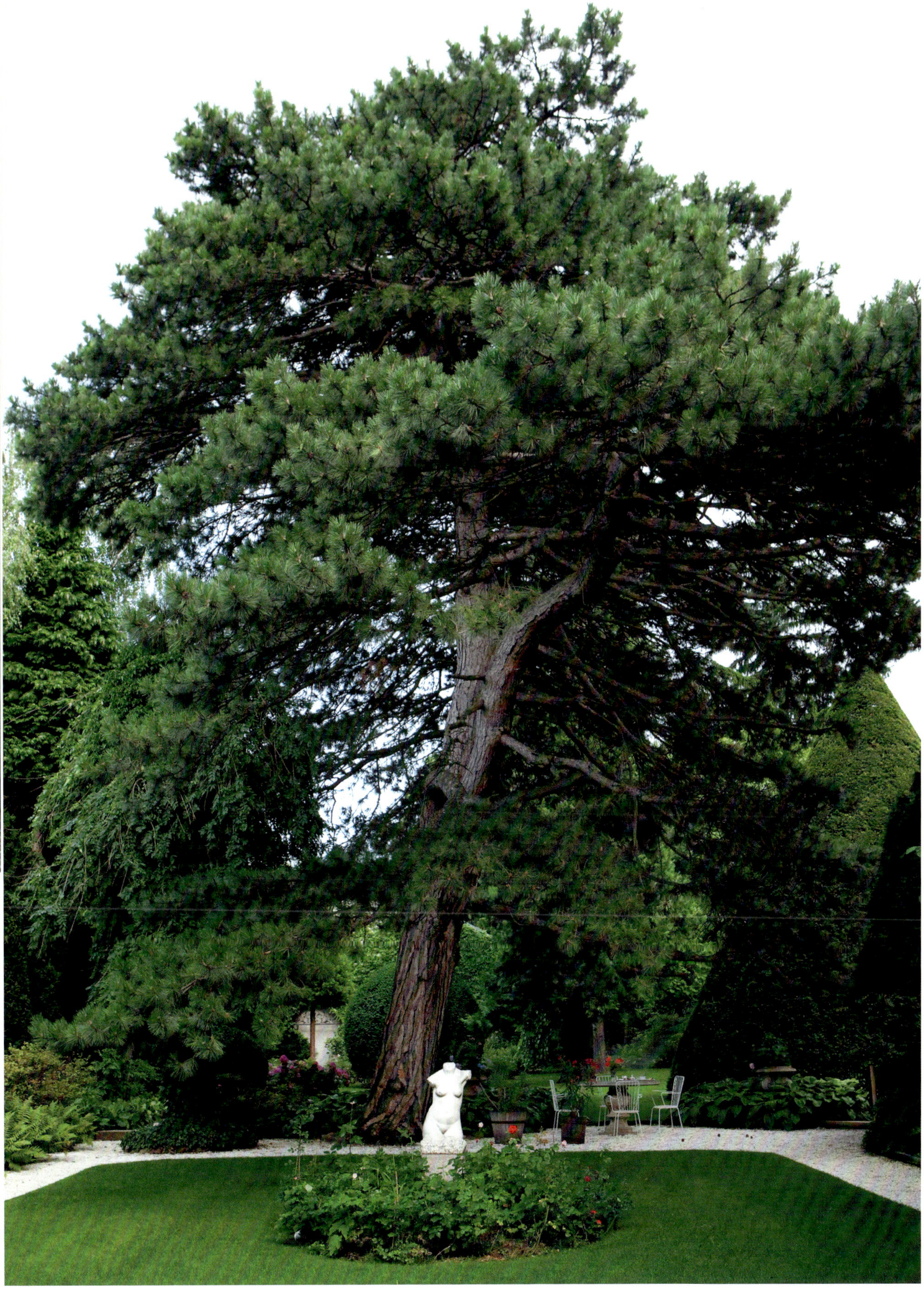

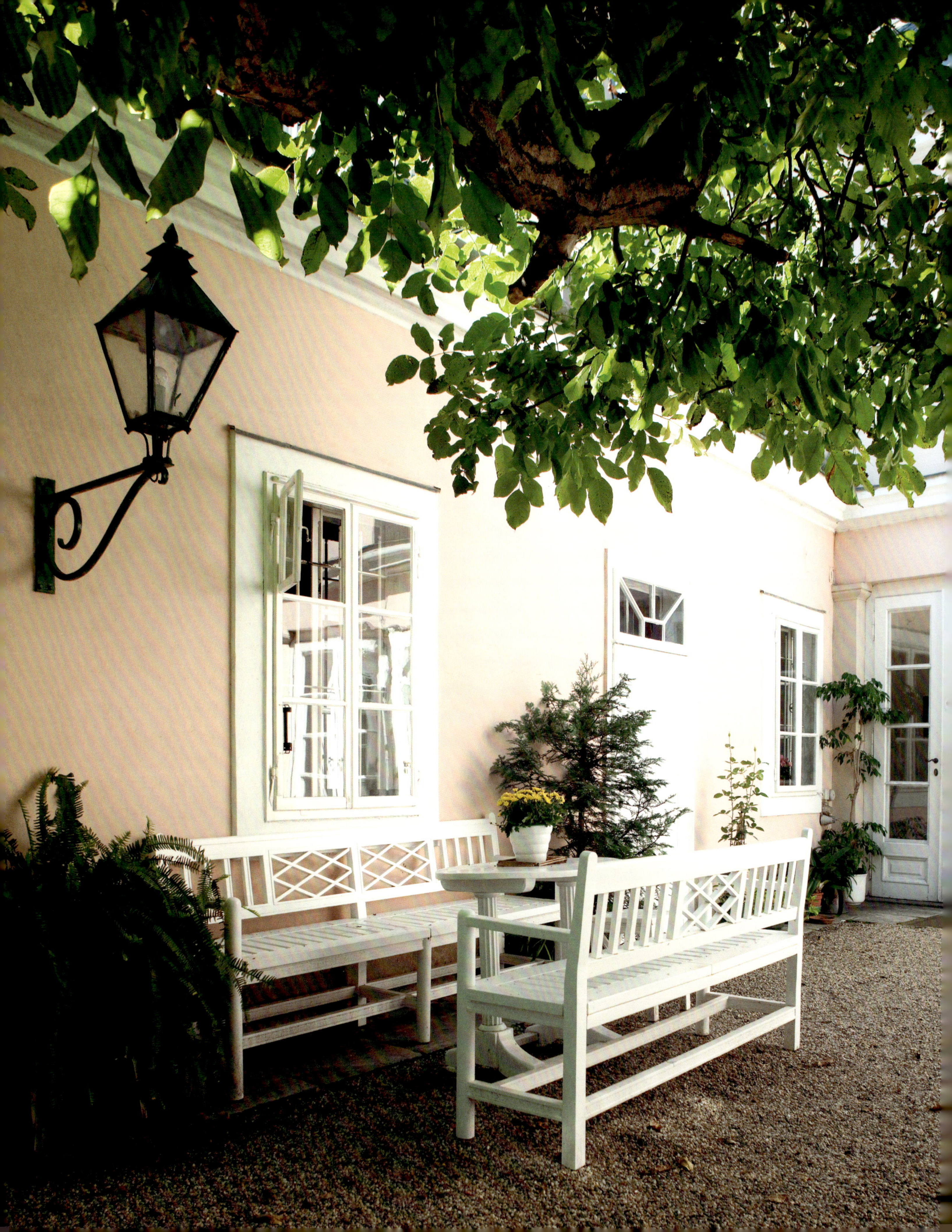

BIEDERMEIER-GARTENGLÜCK

Nach dem strengen Gartenstil der Barockzeit, der die Natur einer Kunstidee unterordnete, bedeutete Garten im Biedermeier vor allem Geselligkeit, Beschaulichkeit und Statussymbol für die Wiener Bürger. Der Garten hatte erstmals für die Menschen selbst große Bedeutung. Hinter den Mauern hübscher Winzerhäuser, die oft zum Sommersitz umgestaltet wurden, rankten sich Rosen über sanfte Bögen, Blumenrondelle in bunten Farben mit romantischen Steinfiguren bildeten das Zentrum eines solchen Familiengartens. Hügel wurden aufgeschüttet und hölzerne Gartenhäuschen („Salettln") darauf gebaut, von denen aus man den ganzen Garten überblicken konnte. Besondere, damals erst vor Kurzem entdeckte Blumen und seltenes Gemüse, von den eben gegründeten Gartenbaugesellschaften angeboten, wurden von der Hausfrau selbst kultiviert – der Garten rückte im Biedermeier ins familiäre Lebenszentrum.

༜

Im ländlichen Weinhauerdorf Döbling („In Hietzing tragen's Seidenkleider, in Döbling welche aus Leinen") erwarb der Urururgroßvater der heutigen Bewohner, der Juwelier Jakob Heinrich Köchert, Anfang des 19. Jahrhunderts zusätzlich zu seiner Wohnung in der Innenstadt ein Winzerhaus. Heute leben hier in siebter Generation seine Nachfahren und auf den ersten Blick scheint die Zeit völlig still zu stehen.

༜

Vom Vorgarten an der belebten Hauptstraße gelangt man in ein ruhiges Haus, dessen Ausstattung und Einrichtung seit dem Beginn des 19. Jahrhunderts unverändert geblieben zu sein scheint. Und wahrscheinlich auch ist. Selbst das Gartenmobiliar im gekiesten Innenhof wurde immer wieder restauriert und bestenfalls erneuert, wenn es zu sehr vermorscht war. In der „Sala terrena", einem ebenerdigen Gartenzimmer mit klassizistischem Portal über vier kannelierten Säulen, holt eine Spiegelwand den Garten direkt in den Raum herein.

Die schlichten weißen Gartenbänke stammen ursprünglich aus der Biedermeierzeit. Sie wurden von sieben Generationen einer Familie immer wieder erneuert, ergänzt und frisch lackiert und bieten ein schattiges Plätzchen im stillen Innenhof.

1

2

1, 2 / An das dreiflügelige Haus wurde eine ebenerdige „Sala terrena" angebaut, ein biedermeierliches Gartenzimmer. Der sogenannte „Glassalon" mit klassischem Portal und dorischen Säulen ist ein attraktiver Blickfang im Garten.
Auch die Innenausstattung des Gartenzimmers stammt aus der Zeit des Urahnen und wird behutsam instand gehalten. Es dient als idealer Frühstücksraum oder Rückzugsort an heißen Sommertagen.

3 / Vom Innenhof fällt der Blick in den weitläufigen, ca. 1.000 m² großen Garten, der bis heute die Beetstrukturen des frühen 19. Jahrhunderts zeigt. Im hinteren Teil wachsen noch Reste einer 250 Jahre alten Haselnuss. Der Nussbaum im Gartenhof wurde vor achtzig Jahren nachgepflanzt und Eiben und Stechapfel stammen von der Elterngeneration der heutigen Bewohner.

4, 5 / Die gerundete Nische mit Wasserspeier diente wohl einst als Brunnen. Heute stehen hier den Sommer über Grünlilien im eingebauten Steinbecken.
Der Geist der Biedermeierzeit durchströmt diesen bezaubernden Ort ganz natürlich. Die Beschaulichkeit der Epoche ist sowohl im Haus als auch im Garten deutlich zu spüren. Und doch ist es hier kein bisschen museal, sondern äußerst lebensfroh.

1 / *Der Putto mit seinem (manchmal) Wasser speienden Fisch bildet das Zentrum des kleinen, runden Wasserbeckens, das umgeben von spätsommerlichem Flor einen ganz eigenen Zauber ausstrahlt. Im Biedermeier erhielten die Gärten erstmals so etwas wie Privatheit, die Menschen legten ihre Gärten ganz nach dem eigenen Geschmack an.*

2, 3 / *Ob der Vorfahr schon auf dieser oder einer ähnlichen Bank saß und sich von seinem geschäftigen Alltag als k. u. k. Hofjuwelier erholte? Das weiß man nun nicht mehr so genau, aber der Erholung dient die wunderschöne, den Nussbaum umspannende Gartenbank bis heute.*
Darunter ist der Innenhof in seiner Gesamtheit zu sehen, mit dem Nussbaum zentral am oberen Ende, dem Hauptwohnhaus in der Mitte, dem Nebengebäude links und der Sala terrena rechts. Der Ziergarten beginnt mit einem als Rondeau gestalteten Blumenbeet.

VERLIEBT IN DIE VERGANGENHEIT / 123 /

4 / *Aus dem Schatten blickt ein unterlebensgroßer Herkules, der wie der Wasserspeier aus der Entstehungszeit des Gartens Anfang des 19. Jahrhunderts stammt. Am unteren Ende des Gartens gibt es auch einen kleinen künstlichen Hügel. Heute thront dort ein Gartensitzplatz, ursprünglich wird es wohl ein Salettl gewesen sein.*

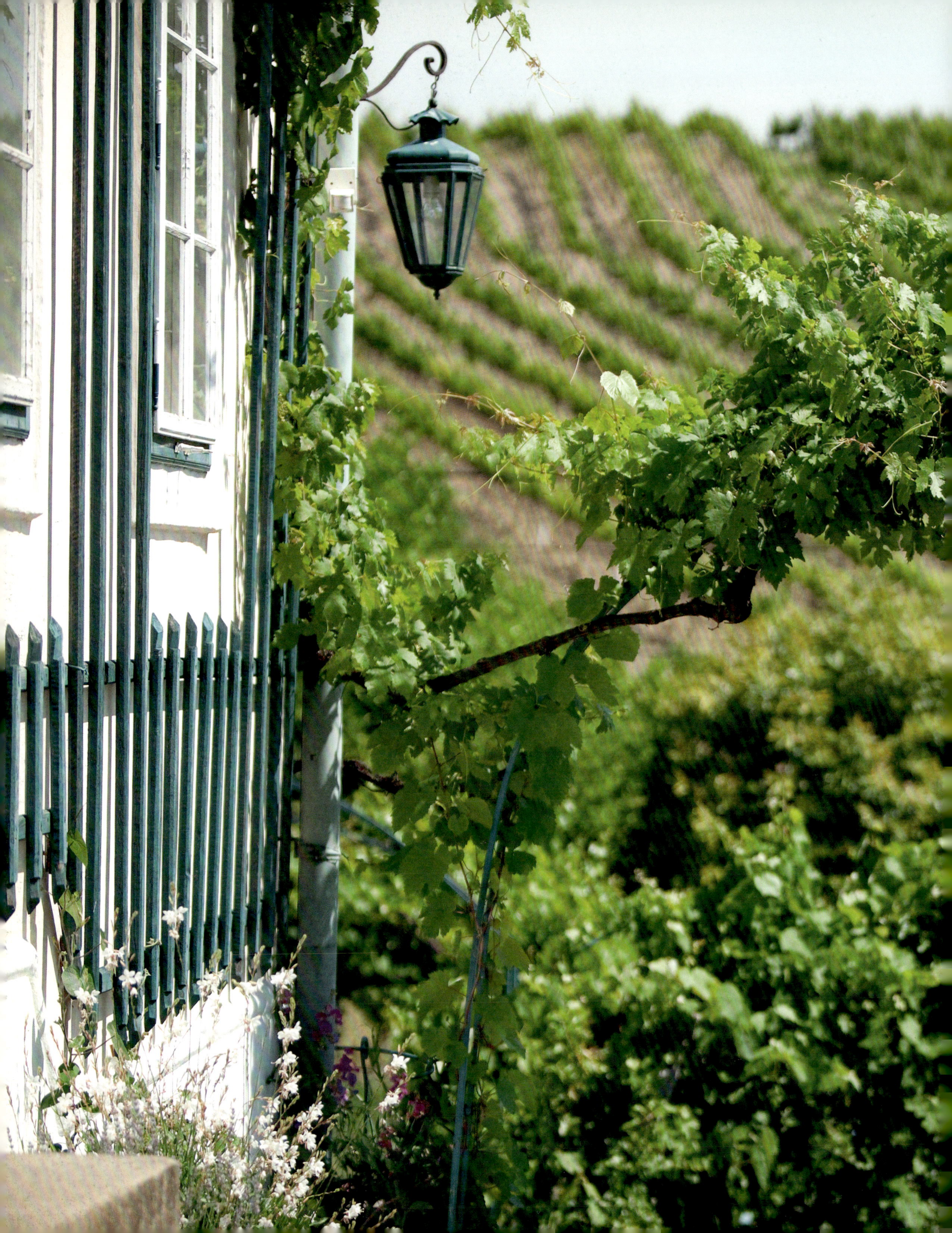

KAPITEL 4

VERSTECKT IN VILLENVIERTELN UND WEINGÄRTEN

༄

Auch in einer von Gärten durchwobenen Stadt wie Wien findet man das Grün eher in den Randbezirken als im Kern der Stadt, wo sich die Gärten heute auf die Dächer zurückgezogen haben. Rund um die Innere Stadt lagen viele Vorstädte und kleine Dörfer, die im Laufe der Jahrhunderte zu Stadtbezirken wurden.

༄

In einigen werden bis heute Villenbauten in allen Stilrichtungen gebaut oder historische Gartendenkmäler gepflegt, doch wer sucht, findet auch äußerst individuell gestaltete Gärten, beispielsweise bei der Westausfahrt, im Cottageviertel, am südlichen Stadtrand und sogar in den Wiener Weinbergen.

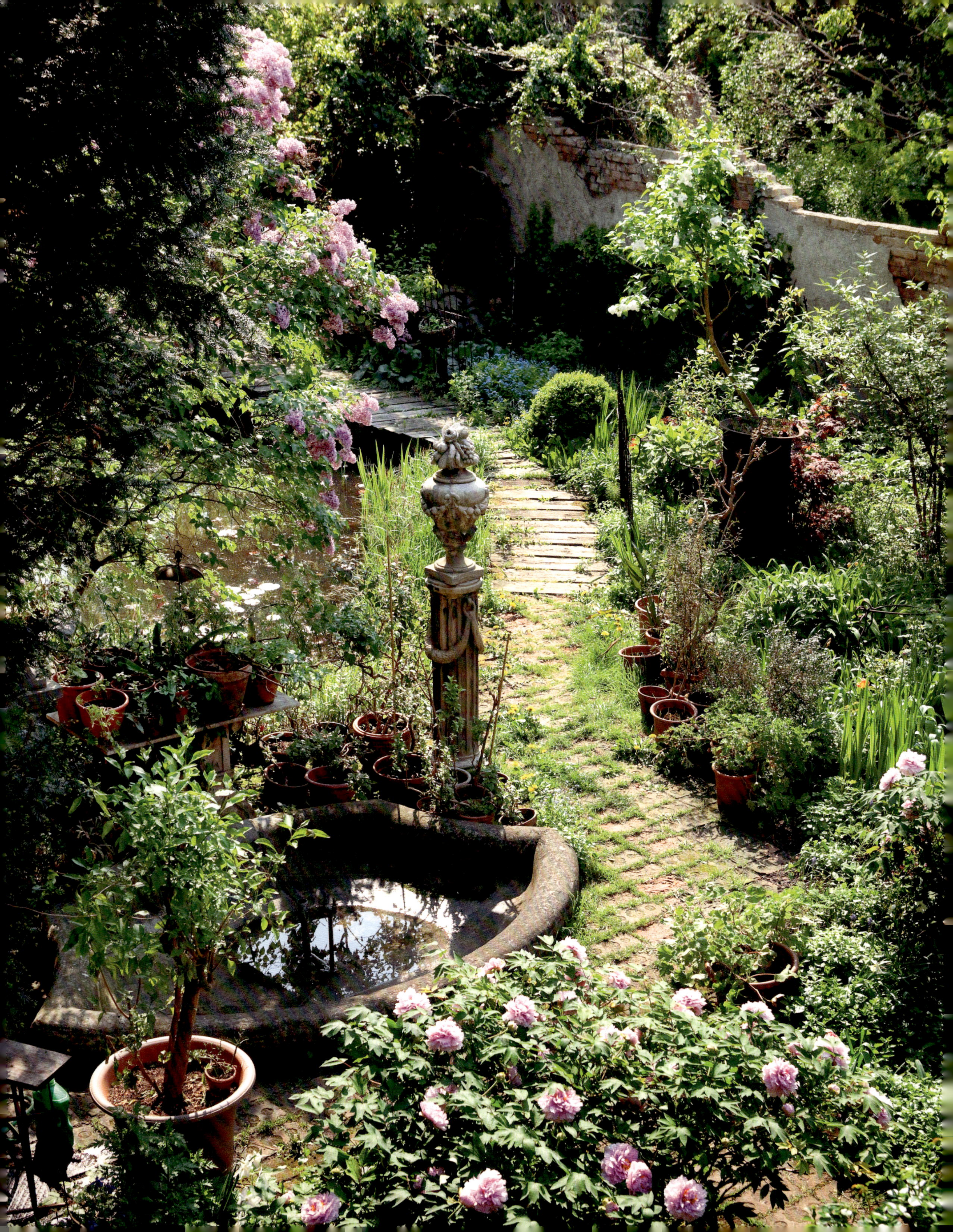

DORNRÖSCHENS GARTEN

Im Westen der Stadt, genauer gesagt: in Auhof, einem Teil des 13. Bezirks, liegt ein Hausgarten, zu dessen Besonderheiten es gehört, dass er seit Mitte des 19. Jahrhunderts immer nur an weibliche Nachkommen weitergegeben wurde! „Schon die Großmutter und meine Mutter waren Gärtnerinnen", erzählt verschmitzt lächelnd die jetzige Gartenfrau, „nur in puncto Gartengeschmack sind wir wohl sehr verschieden!" Als Kind mit Unkrautzupfen in den Kieswegen beauftragt, hat sie bei der Übernahme des Gartens diese als erstes zugeschüttet und, sobald die eigenen Kinder keine Spielwiese mehr brauchten, die Beete vergrößert und vergrößert und vergrößert… Heute findet man so gut wie keine Wiese mehr, dafür wurde vor ungefähr zehn Jahren ein Badeteich angelegt („Ich wollte eine Wasserlandschaft, keinen hässlichen blauen Fleck im Grünen"). Um den herum grunt und blüht es vom zeitigen Frühjahr bis zum ersten Frost ununterbrochen.

*

Jahr für Jahr macht es die passionierte Gärtnerin fassungslos vor Freude, welche Schätze wieder zum Vorschein kommen. Von Winterlingen und vielen Schneeglöckchen im Frühling bis zu Astern und späten Rosen im Oktober, in diesem Garten blüht immer etwas.

*

Die Freude an Blumen bekam mit der Zeit eine Eigendynamik: Als erstes musste die unschöne Fassade des Hauses unter dichtem Efeu verschwinden, dann kamen blühende Kletterer wie Ramblerrosen und Clematis dazu, eine ungeliebte Silberfichte versteckt sich nun unter den weißen Blütchen des Knöterichs und im Glashaus am Ende des Gartens sorgt eine wild rankende Passionsblume für Blütenpracht fast rund ums Jahr. „Ich krieg soviel Freude aus meinem Garten, dass mich schon überhaupt nichts mehr stört", verbreitet die zufriedene Gärtnerin pure Gelassenheit. Auch das etwas schrille Gebell ihres Haushundes Maxl kann sie nicht aus der Fassung bringen.

*

Dornröschens Garten kann besucht werden – Anmeldung: *eva.tiller@gmx.at*

Die Leidenschaft einer Sammlerin übertrug sich auch auf ihren Garten. Hier musste im Laufe der Jahrzehnte jedes Stück Wiese den vielen Blumen weichen – doch die Strauchpäonien im Vordergrund waren zuerst da, sie sind schon älter als ihre Gärtnerin.

/ 128 / *Dornröschens Garten*

1 / *Hinter einer von Knöterich überwucherten Silberfichte werden im Frühling auf dem Steintisch des schattigen Sitzplatzes Sommerblumen zum Eintopfen und verschiedenes Dekor zur Verteilung im Garten und auf der Terrasse vorbereitet. Zweifarbig blühende Pelargonien, altes Emailgeschirr und Steinkugeln kommen dabei zum Einsatz.*

2 (↑), 3

4

2 / Farbenfrohe späte Mai-Tulpen blühen jetzt mit den frühen Pfingstrosen um die Wette. Sie werden im Sommer von Japan-Anemonen, Storchschnabel und vielen anderen winterharten, auch schattenverträglichen Stauden abgelöst. Und jedes Jahr kommen neue, meist ausgefallene Gartenbewohner dazu.

3 / Jeder, der den verwunschenen Garten zum ersten Mal betritt, fühlt sich wie verzaubert. Ganz unerwartet taucht man in eine Welt der Pflanzen ein, mit der man – selbst in einem der Wiener Villenviertel – nicht gerechnet hätte. In der Gartentüre bekam Haushund Maxi einen eigenen Eingang zu „seinem" Reich.

4 / Erst vor einigen Jahren wurde der Balkon vor Wohnzimmer und Küche modernisiert. Anstelle eines herkömmlichen Geländers wurden starke Drahtseile zur Absperrung gespannt. So haben Kletterpflanzen wie diese etwas empfindliche Waldrebe, CLEMATIS ARMANDII, die sich rechts über die Seile windet, ein zusätzliches Spalier bekommen.

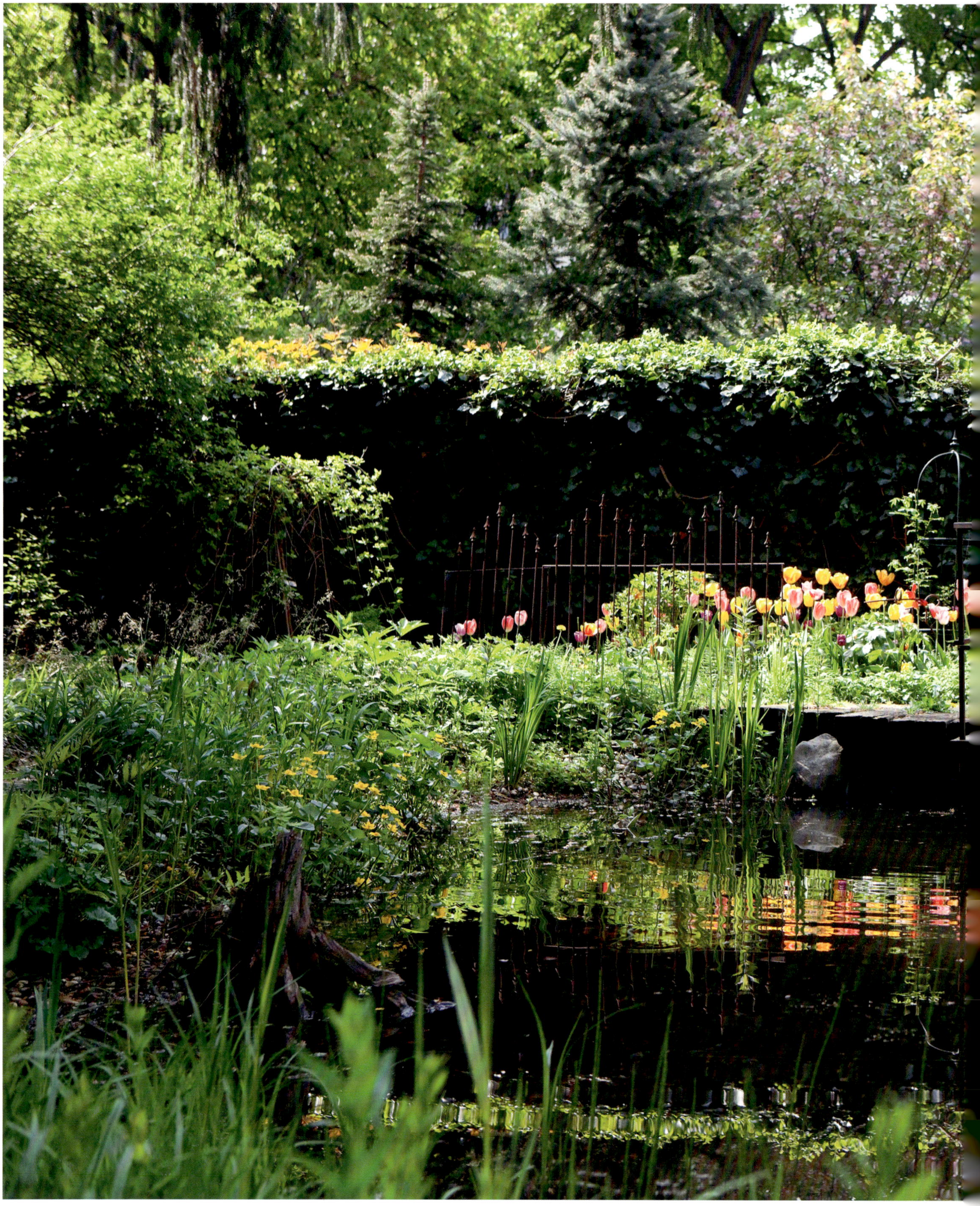

VERSTECKT IN VILLENVIERTELN UND WEINGÄRTEN / 131 /

Etwas neidisch schauen die Blaufichten vom Nachbargrundstück über die völlig zugewachsene Mauer. So viel naturnah gestaltete Romantik, eine derartige Pflanzenvielfalt und dazu einen Teich, den die Enten genauso lieben wie die Gärtnerin, sieht man halt nicht alle Tage.
Im Hochsommer, wenn der Phlox flächendeckend mit gefleckten Lilien um die Wette blüht, braucht man fast schon ein Buschmesser, um diesen wundersamen Dschungel zu durchqueren. ❧

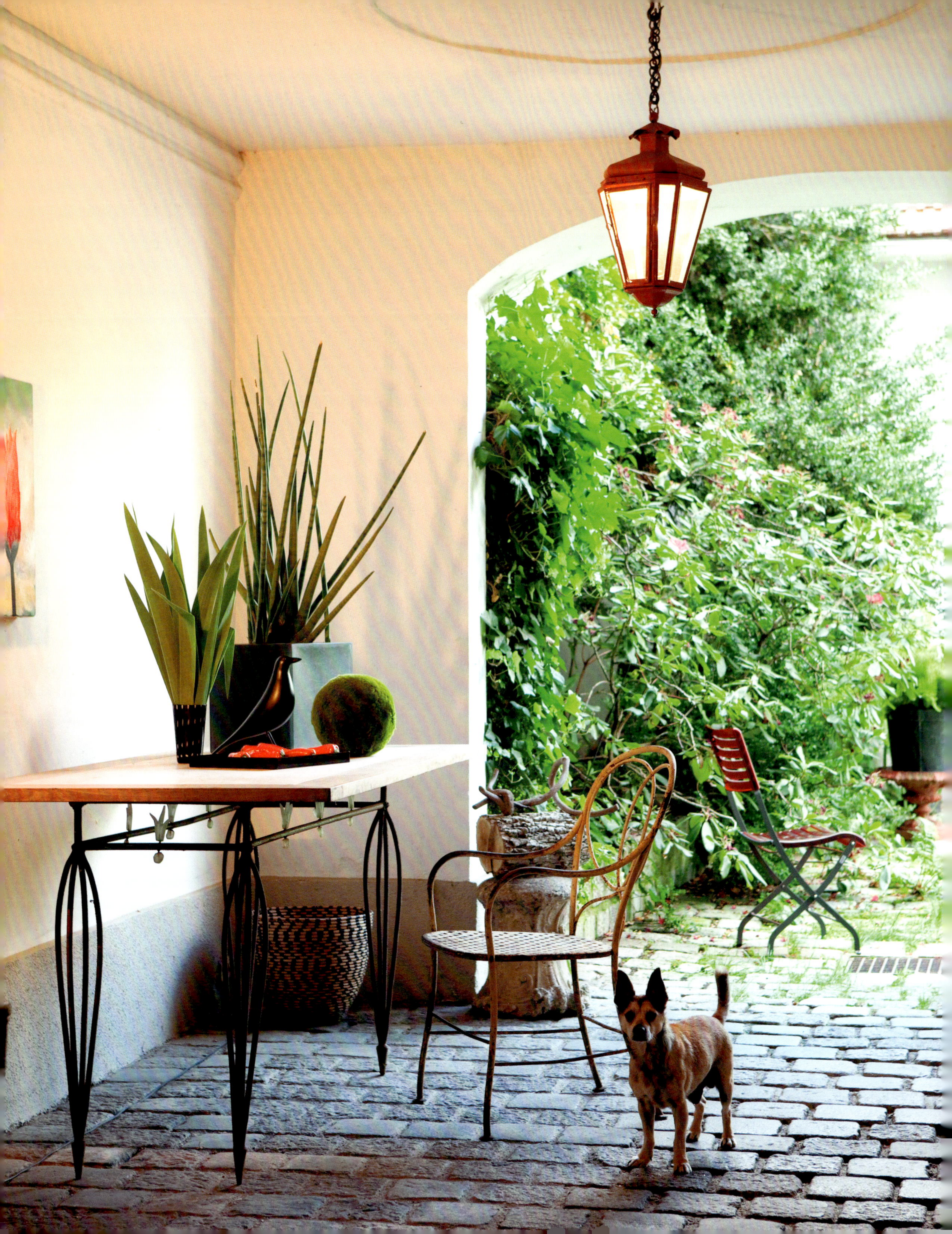

VERWANDLUNGS-KÜNSTLER

So mancher Garten behält über Jahrzehnte das Gesicht, das ihm seine Gestalter einst gaben. Da wird höchstens einmal ein Beet erneuert oder ein zusätzlicher Baum gepflanzt. Doch dieser nordseitig hinter einem alten Weinhauerhaus gelegene Garten in Mauer, dem Winzerdorf im 23. Bezirk, kann auf einige Veränderungen zurückblicken.

Das eher ländliche Outfit, das ein kunstliebendes Paar aus Oberösterreich seinem Haus und dem Garten in den ersten Jahren verpasste, ist heute schlichter Modernität und Eleganz gewichen. Bunte Blumenbeete und rustikaler Charme prägten in den ersten Jahren das Gartenbild, doch mit der Zeit veränderten sich die Ansprüche und es fand sich eine neue Lösung in einer Grün in Grün gehaltenen Gestaltung. Verschiedene Sitzplätze laden in den unterschiedlichen Gartenteilen zum Verweilen ein: der erste gleich zwischen Wohnhaus und „Beihäusl", ein größerer für viele Gäste neben einem mit Buchskegeln eingerahmten Blumenbeet, ein weiterer gleich hinter einer gerundeten Hecke und ein versteckter im oberen Garten, für ruhige Stunden. So eröffnen sich immer wieder neue Blickwinkel in das verträumte Gartenreich. Durch die ans Haus angebaute, schlichte Eisen-Glas-Konstruktion wurde der Wohnraum ins Grüne erweitert, jetzt fühlt man sich hier direkt in den Garten hineinversetzt. So ist zu jeder Jahreszeit die Natur präsent. Das erhöht den emotionalen Komfort um Einiges – Stress bleibt in diesem Ambiente wohl ein Fremdwort.

Obwohl der Garten jetzt in sich zu ruhen scheint, hat seine Gärtnerin durchaus noch Pläne: „Wasser in Form einer Rinne, aber zum Schwimmen, wäre noch ein Wunsch und einige Gehölze möchte ich im hinteren Teil noch setzen. So bleibt mein Garten immer in Bewegung."

Durch die Einfahrt des historischen Winzerhofs fuhren in alten Zeiten zur Weinlese Pferdewagen mit Butten voller Trauben. Doch heute zeugen hier Kunst und liebevolles Dekor von einem ambitionierten Händchen im Umgang mit Haus und Garten.

/ 134 / Verwandlungskünstler

1

2 (↑), 3

VERSTECKT IN VILLENVIERTELN UND WEINGÄRTEN / 135 /

4

GRÜN IN GRÜN STATT BUNT IST DAS MOTTO.

1, 2, 3 / Lebendige Gartenelemente wie Buchsbaumhecken in den unterschiedlichsten Formen bestimmen hier markant das Gartenbild. Ob als runde, kleine Hecke um ein Kirschbäumchen, als hohe Einfassung für einen Sitzplatz oder als Ruhepol in den Beeten, der geschnittene Buchs ist in diesem Garten tonangebend.

4 / Auch hier ist die gestalterische Wirkung vom Buchs gut zu erkennen. Im Vordergrund stehen scharf getrimmte Kegel zwischen verschiedenen Blütenstauden, als Kontrast wogen darüber rosa Strauchrosen. Anschließend stellt eine geschwungene Buchseinfassung den Übergang zu den Kegel- und Kugelgruppen im Hintergrund her. Durch die verschiedenen Grüntöne und Blattstrukturen wirkt der Gartenraum gleichzeitig ruhig und belebt.

1

VERSTECKT IN VILLENVIERTELN UND WEINGÄRTEN / 137 /

2

3 (↑), 4

1 / Bäume und Formschnittgehölze erzeugen wie in einem Park verschiedene gezielte Blickachsen. So erhielt der langgestreckte Gartenraum mehr Intimität. Blätter und Stängel der verblühten Tulpen im Vordergrund wurden zusammengebunden und werden erst abgeschnitten, wenn sie gänzlich vergilbt sind. Das erhöht die Blühfreude im kommenden Frühling.

2 / Die an das alte Haus angebaute moderne Glas-Eisen-Konstruktion ist im eigentlichen Sinn kein Wintergarten, da darin außer einem Kaktus keine Pflanzen stehen. Dafür sitzt man hier im Winter gemütlich im Warmen und genießt von diesem erweiterten Wohnzimmer aus den Ausblick in die Natur. Und im Sommer gliedern verschiedene große Kübelpflanzen den Vorplatz zum Garten.

3, 4 / Das langgestreckte „Beihäusl" (Nebengebäude) birgt unterschiedlichste Möglichkeiten. Hier werden gerne Feste gefeiert und es gibt genug Platz für Gartengeräte und Stauraum.
Der alte Gartenstuhl ist nur eines von vielen Sammlerstücken aus gärtnerischer Vergangenheit, die hier im Laufe der Jahre eingewandert sind.

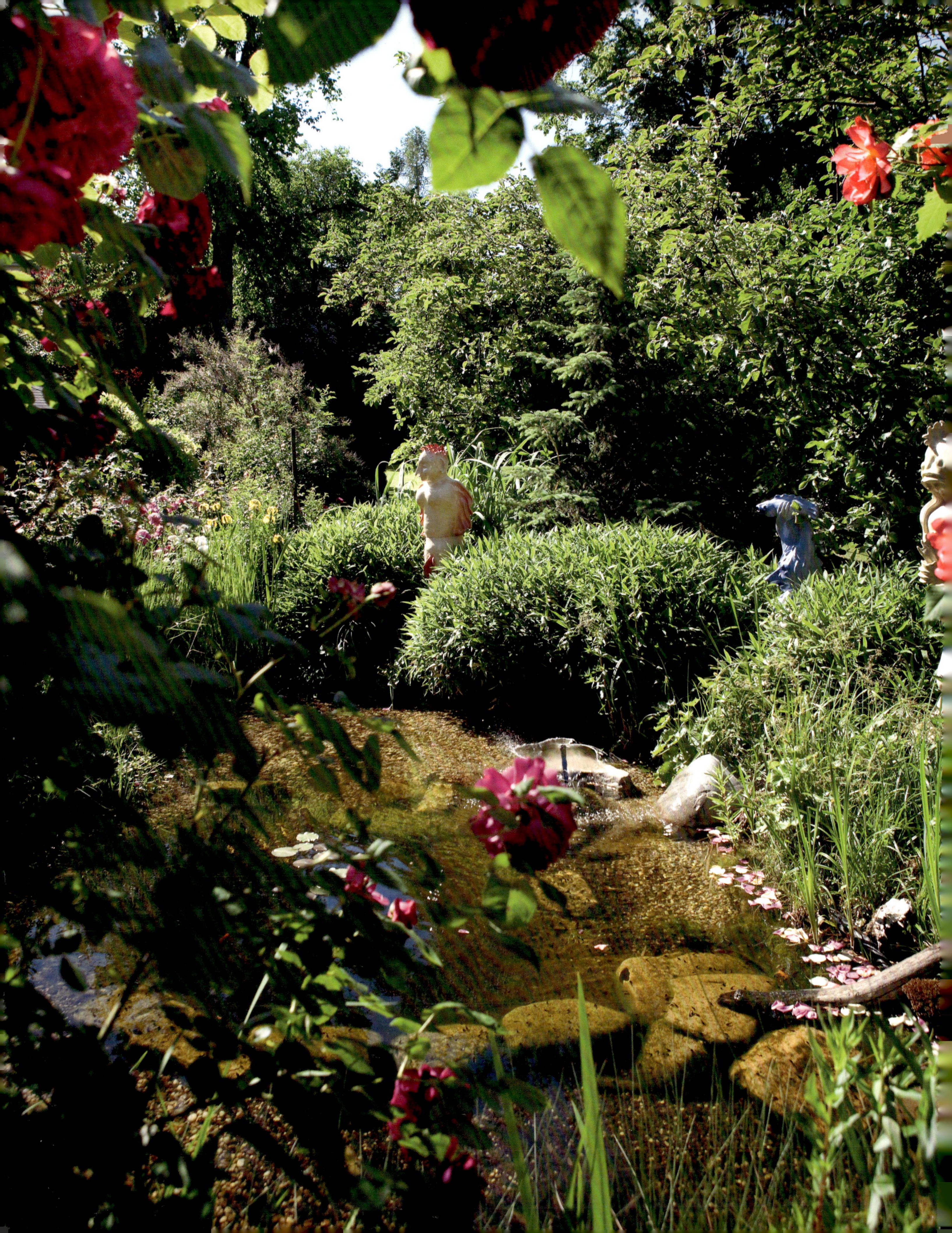

KUNSTGENUSS UND ROSENLUST

Sehr ruhig und elegant ist das Währinger Cottageviertel, mit seinem alten Baumbestand und seinen großen historistischen Villen die nobelste Wohngegend des 18. Bezirks. Im letzten Drittel des 19. Jahrhunderts entstanden in einigen Teilen Wiens solche Villenviertel, ursprünglich nach dem Vorbild englischer Landhäuser. Hinter nostalgisch anmutenden, großbürgerlichen Familienvillen liegen die schönsten Gärten und einer davon bietet bunte Überraschungen.

An den Luxus dieses Hauses habe er sich erst einmal gewöhnen müssen, schmunzelt einer der vielseitigsten Künstler der Stadt, der Maler, Sänger, Bau- und Keramikkünstler Arik Brauer, als wir in seinem Gartenhäuschen sitzen. In den 1970er-Jahren haben Brauer und seine Frau Naomi das große Haus mit schönem Garten für ihre fünfköpfige Familie erworben und seither schwelgt Naomi Brauer in „Rosenlust". Der blühende Rosengarten mit seinen vielfältigen Sorten und Arten ist ihre ganze Freude. „Jetzt habe ich einen schönen Garten", ergänzt Arik Brauer das Schwärmen seiner Frau, „und dazu gehören auch Gartenzwerge!" Zum Werk des Mitbegründers der Wiener Schule des phantastischen Realismus gehört seit vielen Jahren künstlerische Keramik. Nun müssen seine extravaganten Figuren – Brauer selbst betrachtet seine Plastiken als „Alterswerk" – natürlich auch den eigenen Garten schmücken. In Kombination mit der Rosenvielfalt, Schattenbeeten, japanischem Fächerahorn und vielen anderen Gehölzen prägen die auffallenden, teilweise lebensgroßen bunten Figuren das Gartenbild.

Vom Gartenhaus aus hat man einen schönen Blick auf den Teich, hier verbringen die Brauers den größten Teil des Sommers im Freien – „Auch wenn es regnet, genießen wir wie in einem zweiten Wohnzimmer den Garten: Wind, Sonne, Vogelgezwitscher – die ganze Natur und wir mittendrin!".

www.arikbrauer.at

Ein heiteres, farbenfrohes Gartenbild bietet der Garten von Arik und Naomi Brauer. Der blühende Garten macht dem vielseitigen Künstler und seiner Frau seit Jahren viel Freude und wurde zu einer Art privatem Freilichtmuseum für seine Keramikfiguren.

„DA BRAUCH ICH AUCH GARTENZWERGE."

1, 2 / Es ist gleich zu erkennen, wer hier wohnt: An der Fassade der Brauer'schen Villa erzählen lebhafte, bunte Bilder Geschichten aus Israel. Die Malerei auf Fliesen wurde durchs Brennen witterungsbeständig und gibt dem alten Haus eine gewisse Leichtigkeit. In den Beeten im Vordergrund wechseln Lavendel und Buchsbäumchen mit vielen winterharten Stauden ab.
So phantasievoll wie seine Bilder sind Arik Brauers humorige Skulpturen. Es ist, als wären sie aus einigen Gemälden des Künstlers in den Garten gesprungen. Auch die Farbgestaltung der Figuren – hier der „Geizkragen" in Pastelltönen – ist für den Freiraum ungewöhnlich.

VERSTECKT IN VILLENVIERTELN UND WEINGÄRTEN   / 141 /

Die Treppe zu einem der Hauseingänge zieren kleinere Gartenskulpturen, wie kleine Wächter sitzen sie auf den Stufen. Im Vordergrund trennen Rosenbögen und keramische Mauerelemente den hausnahen Garten vom unteren, weitläufigeren Teil, der sich mit Wiese und großen Sträuchern gut zum Spielen für die Enkelkinder eignet.

1 / In der unteren Wiese wacht die „Venus von Willendorf mit ihren Männern" über ihr Gartenreich. Arik Brauer nennt seine lebensgroßen Figuren etwas ironisch „Gartenzwerge". Das ganze Areal misst etwa 1.300 m² und geht ohne trennende Zäune ins Grundstück der befreundeten Nachbarn über.

2 / Einer der alten Bäume war morsch und musste umgeschnitten werden. Doch der untere Teil konnte stehen bleiben und wird bald von der Kletterrose völlig überwachsen sein. So entstehen auch in einem etwa vierzig Jahre alten Garten immer wieder neue Elemente.

3, 4 / *Die Figur mit dem Fischkopf wurde von Arik Brauer „Hausmeisterin" genannt, wahrscheinlich weil sie einen Blick darauf wirft, dass hier alles seine Ordnung hat.*
Rosen sind Naomi Brauers besondere Lieblinge. – Diese gelbe Strauchrose, die längst ihr Namensschild verloren hat, könnte „Michelangelo" sein, eine moderne Rose aus der Künstlerserie.

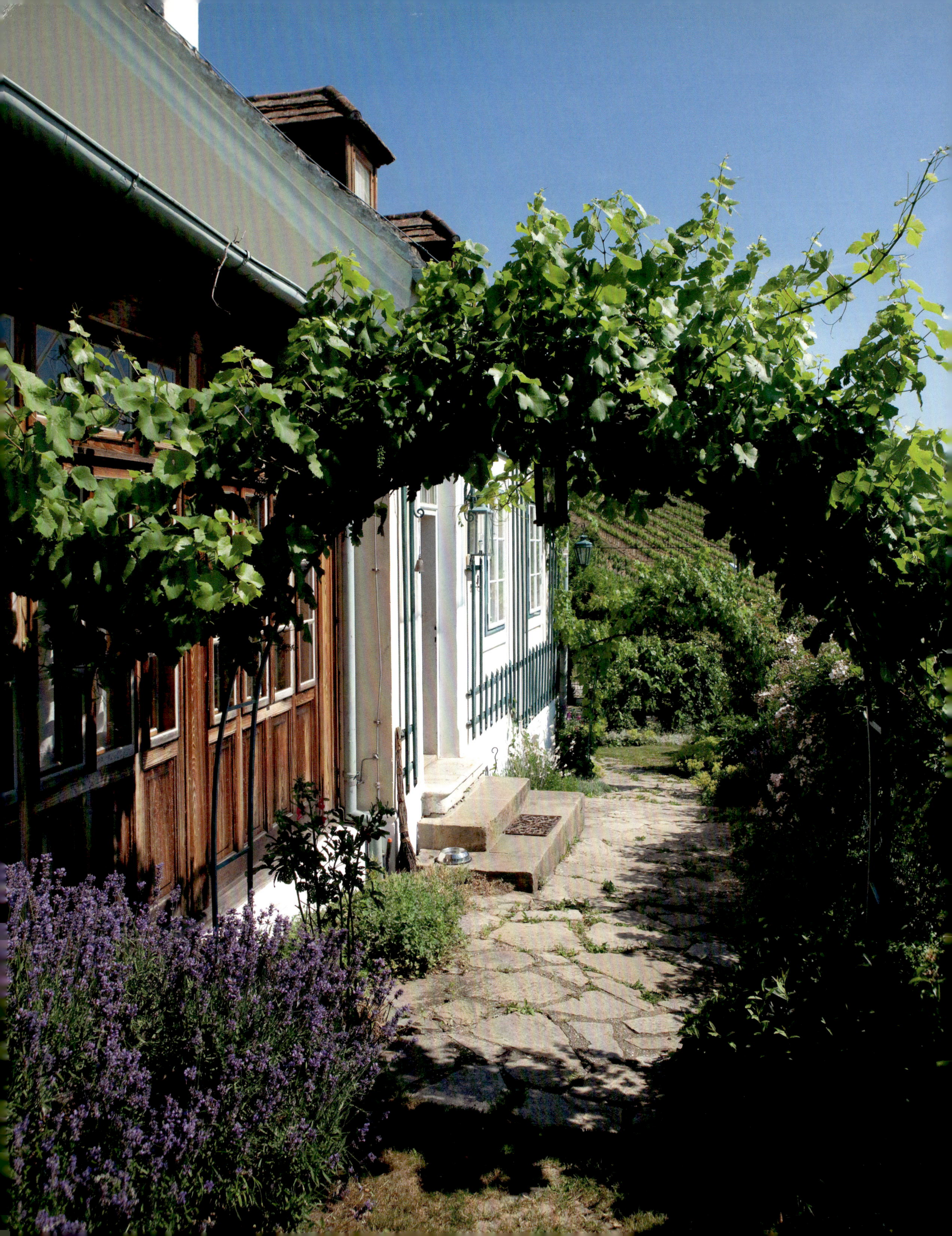

ZAUBERGARTEN IM WEINBERG

Der ganze Nussberg – oberhalb von Nussdorf im 19. Bezirk gelegen – ist ein Weinberg in bester Südlage und unten im Tal fließt die Donau. Die Wiener sind stolz auf ihren Wein, ist doch Wien die einzige Hauptstadt der Welt mit erwähnenswerter Weinproduktion. Mitten im Weinberg erwartet man bestenfalls eine der alten Heurigenschenken, die es dort vereinzelt noch gibt, aber wohl kaum einen romantischen Landhausgarten!

Doch „das Glück ist ein Vogerl" und es brachte einer Künstlerfamilie die Möglichkeit, inmitten von Weingärten ihren Wiener Wohnsitz zu errichten. Bereits vor über zwanzig Jahren konnte man nicht so einfach zwischen den Rieden bauen. Doch das heutige Haus – ursprünglich ein Heuriger – war ein bereits bestehendes Gebäude und konnte daher umgebaut werden. Wie durch Zauberhand verwandelte sich die alte „Hütte" in ein reizendes kleines Wohnhaus, das aussieht, als würde es schon seit der Biedermeierzeit so hier stehen. Rund um das Haus war damals alles zubetoniert und auch der dahinter liegende Garten war völlig verwahrlost. Mit der kreativen neuen Herrscherin über Haus und Garten zog die Poesie in den verwilderten Garten ein und brachte blühendes Leben mit.

„Mit Pflanzen zu arbeiten, bringt die totale Beruhigung", erzählt die begeisterte Gärtnerin. „Man kommt immer wieder in Balance durch den Garten und wird richtig geerdet!" Düfte sind ihr wichtig, so hat sie ganz bewusst viele Duftpflanzen gesetzt – Erdbeerjasmin, Ölweiden und natürlich viele, viele Rosen. Die sind im Moment eher ein Grund zum Weinen als zum Jubeln, wuchsen sie doch in direkter Nachbarschaft zu den Weingärten, und dort wurde vor einiger Zeit versucht, das Unkraut chemisch zu beseitigen. Beseitigt wurden allerdings auch viele der alten Rosen, die am Zaun entlang wuchsen – doch wie heißt es so schön: Geduld bringt Rosen!

Ein Garten mitten in den Weingärten – das ist auch für die „Weinstadt" Wien eher ungewöhnlich. Aus einem steilen Weingarten ist dieser Garten mit seinen verschiedenen Ebenen entstanden. Daher wachsen hier über Lavendel und Rosen auf den Rosenbögen auch Weinreben als Zitat.

1 / *Der Garten vermittelt den Eindruck, als sei hier alles immer schon so gewesen. Doch es gab einst nur ein schäbiges altes Haus, einen alten Schuppen, zubetonierte Flächen und einen Steilhang. Also erstellte die Künstlerin einen Gartenplan mit Bögen, einer Laube und verschiedenen Sitz- und Aussichtsplätzen. Der Hang wurde in mehrere Ebenen unterteilt und begradigt und am obersten Zipfel ein Gartenhäuschen aufgestellt, die „Dichterklause".*

4

„MIT PFLANZEN ZU ARBEITEN, BRINGT DIE TOTALE BERUHIGUNG."

2, 3 / Der Sitzplatz zwischen Haus und Schuppen dient als erweiterter Wohnraum. Hier verbringt die Familien im Sommer die meiste Zeit, und falls es zu heiß wird, zieht man sich unter die schützende Laube beim Schuppen zurück.
Der alte Schuppen birgt ein kleines Geheimnis. Im ersten Raum sind Gartengeräte und allerlei Dekor untergebracht; öffnet man die Türe daneben – freut man sich über ein kleines, aber feines Gästezimmer im ländlichen Stil.

4 / So eine grandiose Aussicht über die Stadt findet man selten in Privatgärten. Fern von allem städtischen Trubel sitzt man hier oben entspannt zwischen duftenden Blumen und Vogelgezwitscher. Erhebt man sich aus dem bequemen Gartenstuhl, fällt der Blick unvermeidlich über die Rebhügel auf das Wiener Häusermeer, das dem begeisterten Betrachter zu Füßen liegt.

1 / Ganz viel vom Zauber der Vergangenheit wurde ins Heute gerettet. Man hat direkt das Gefühl, die Zeit stehe still, denn nur selten unterbricht Motorengeräusch die flirrende Stille. Der Gartenteil vor dem Haus wird von einem mit Wein überwucherten Wandelgang dominiert und hinter dem Schuppen beginnt der in mehreren Ebenen angelegte Hanggarten.

2 / Die steinernen Treppenteile im Hang stammen aus Abbruchhäusern und wurden peu à peu angesammelt, um den Aufstieg von Ebene zu Ebene zu erleichtern. Buchskugeln und viele historische Rosen begleiten den Aufstieg. Ganz oben blüht im Sommer ein Stückchen Margaritenwiese. Erdbeerbeete sorgen für die kulinarische Belohnung nach der Kletterei.

VERSTECKT IN VILLENVIERTELN UND WEINGÄRTEN / 149 /

3,4 / *Die kleinen Vasen zieren namenlose rote Röschen, die einzigen, die schon vor dem Umbau hier wuchsen, und auf der Pergola über der langen Tafel wuchern Weinreben und die Kletterrose „Albertine" um die Wette. Mit Geschick, Geschmack und Geduld haben die Besitzer einen Ort geschaffen, der jenseits von Zeit und Moden einen wienerisch-ländlich anmutenden Zauber vermittelt.*

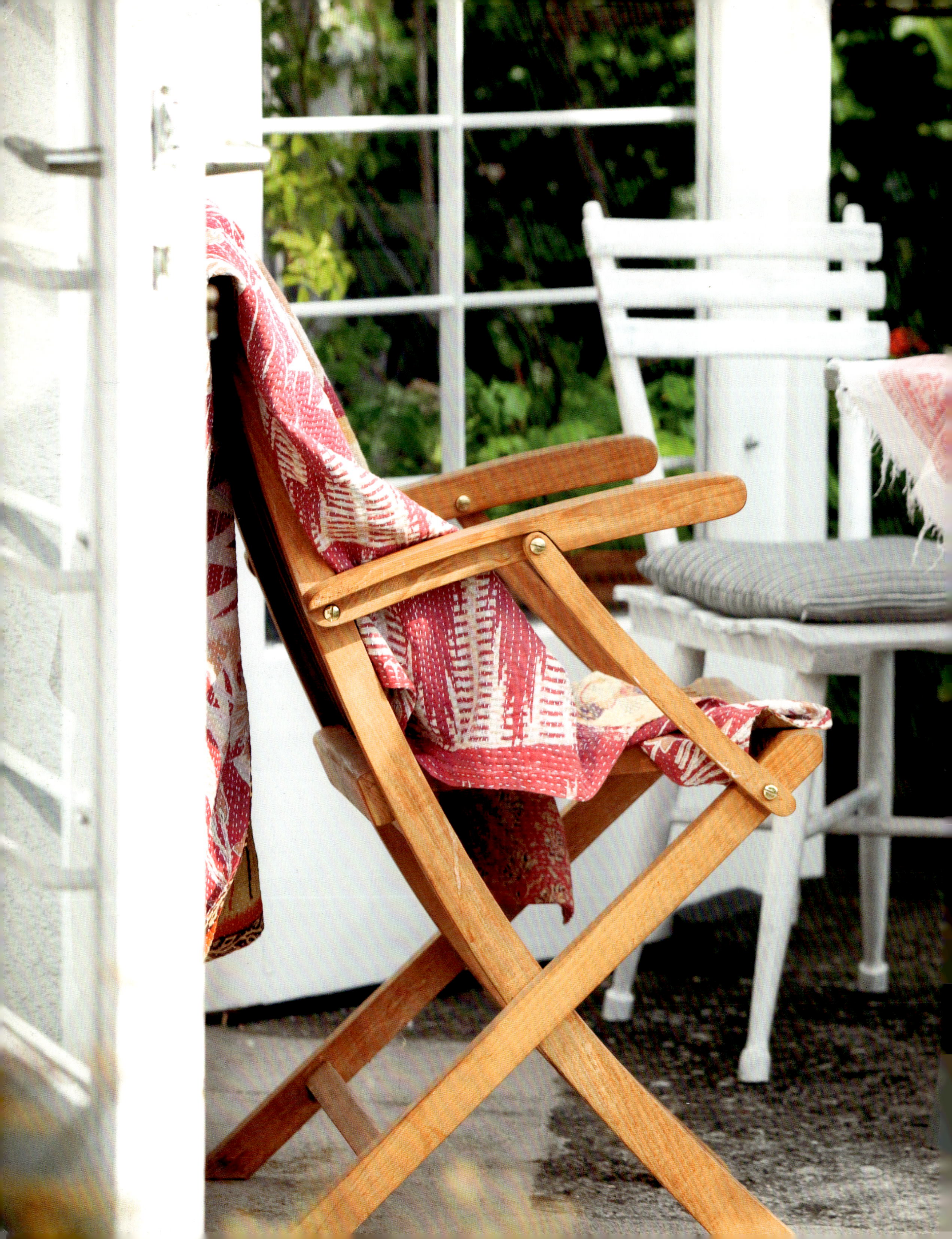

KAPITEL 5

VARIATIONEN VON KLEINEN GÄRTEN

❧

Naturgemäß liegen Gartensiedlungen meist an den Rändern der Großstädte. In Wien gibt es bis heute unzählige Kleingarten- und Wohnsiedlungen, die aus den Anfängen der Siedler- oder Kleingartenbewegungen stammen. Sie entstanden sozusagen aus dem Nichts, aus Wald, Feldern oder Brachlandschaften und bedeuteten in der Zwischenkriegszeit Verbesserungen gegenüber der miserablen Wohnsituation in den Mietskasernen des 19. Jahrhunderts.

∞

Unsere sehr unterschiedlichen fünf „Paradiesgärtchen" liegen in Außenbezirken der Stadt und sind ein Beispiel dafür, dass bei einem gelungenen Garten nie die Größe zählt, sondern immer nur Form und Inhalt!

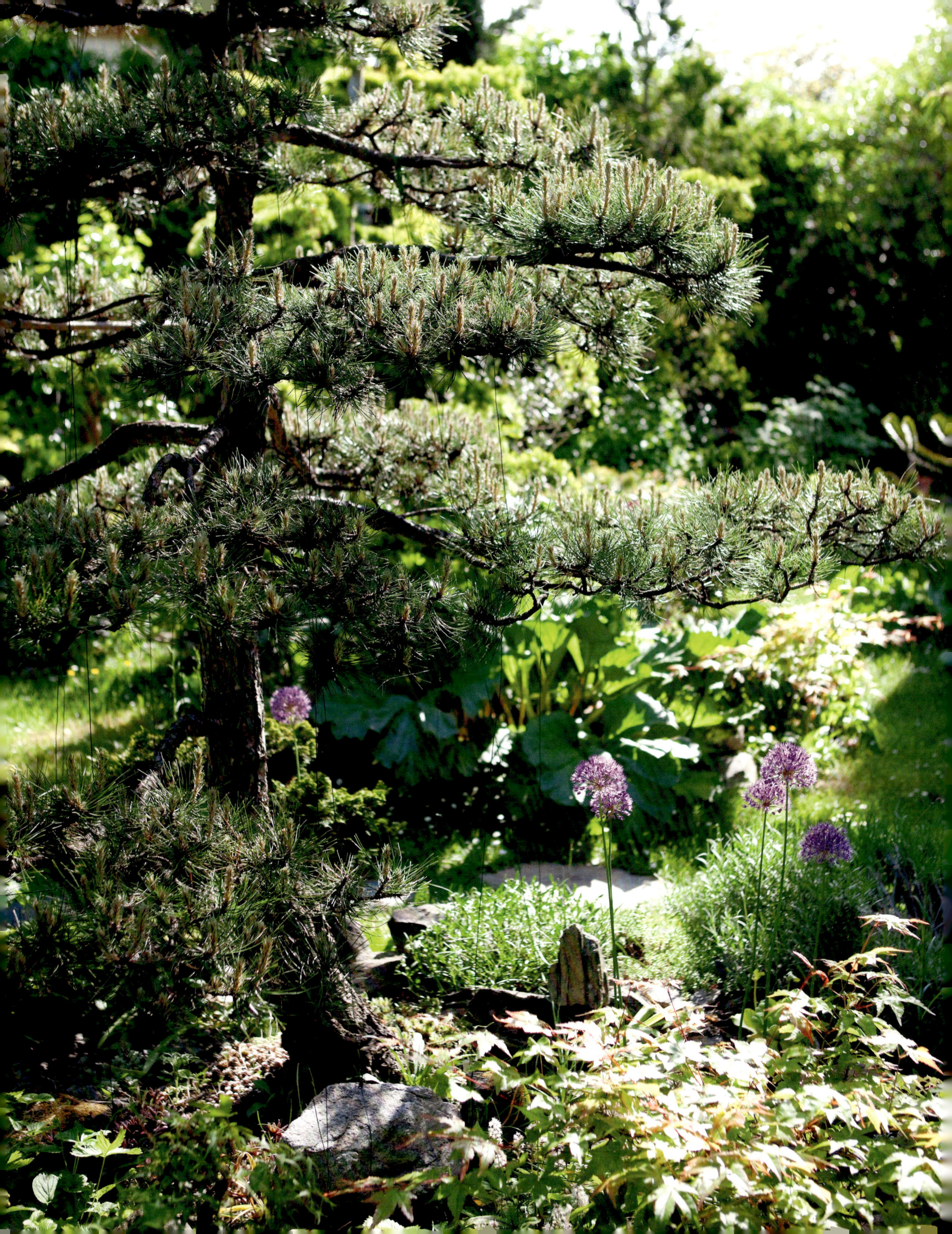

EXOTISCHE SCHNITTKUNST

Bis in die 1950er-Jahre bestand der südliche Teil des 23. Bezirks nur aus Feldern. Dann entstanden die Polizeisiedlung Inzersdorf und die Siedlung Schwarze Haide. Individuelle Einfamilienhäuser wurden gebaut, so auch das Elternhaus des Künstlers Thomas Zeitlberger, in dessen Kindheit der Garten hinter dem Haus aus einer Wiese, drei Bäumen und ein paar Sträuchern bestand.

Das änderte sich erst, als Thomas und sein Partner, der Veterinärmediziner Oliver Hochwartner („der Fischdoktor") das Haus umbauten und den Garten Stück für Stück veränderten. Eigentlich hatten die beiden schon viele Jahre hier „herumgegärtnert", der richtige Zugang fand sich aber erst, als durch neue Nachbarn der Wunsch nach Abgrenzung entstand. Zugleich brach die Sammelleidenschaft aus, bestimmt durch ästhetische Vorstellungen und eine Vorliebe für Fernöstliches. Also regierten in diesem Garten von nun an Schere, Draht und Gewichte – durch Schnitt und Verspannungen verwandelte sich der ca. 350 m² große Garten in ein „Bonsai-Theater".

Auf kleiner Fläche wurde etwas ganz Besonderes gestaltet: Sogar der Birnbaum wurde in Form gezurrt, heute ist er eine Art „Riesen-Bonsai", es entstanden – im Boden und in Schalen – kleine Gebirgslandschaften wie ein Ahornwäldchen aus Sämlingen von einem Tempel in Kyoto. Ein Wacholder-Bonsai lebt jetzt schon fünfzehn Jahre lang in seiner Schale, wilder Wein wird so gezogen und eine Bonsai-Kastanie gibt es seit 1989. Thomas betätigt sich als „Verspannungskünstler", er ist für die Gestaltung zuständig, und Oliver kümmert sich um die Pflege und botanische Feinheiten. Rat und Unterstützung bekommt er durch seinen Bruder, der praktischerweise Gartengestalter ist.

Der Garten kann nach Vereinbarung besichtigt werden: *www.fischdoktor.at, www.thomaszeitlberger.com*

Exakter Formschnitt und außergewöhnliche Pflanzen machten aus einem grünen Rechteck in einer Siedlung am Stadtrand eine exotische Gartenlandschaft. Was auf den ersten Blick gepflegt verwildert wirkt, ist bei genauerem Hinsehen eine Insel der Pflanzenschnittkunst.

DER GARTEN VERWANDELTE SICH IN EIN „BONSAI-THEATER".

1 / Neben den vielen Formschnittgehölzen im Boden und in Töpfen sammeln die begeisterten Gärtner auch so Exotisches wie fleischfressende Pflanzen. Wunderschön ist diese ausgefallene Schlauchpflanze (SARRACENIA RUBRA). Sie stammt aus Nordamerika, ist eigentlich winterhart, wird aber sicherheitshalber im Glashaus im Topf überwintert.

2 / Hinter der Blattrosette einer Königskerze steht eine noch kleine chilenische Araukarie (ARAUCARIA ARAUCANA). Dieses stachelige Gewächs gehört tatsächlich zu den Koniferen und man findet sie normalerweise in unseren Breiten nur in botanischen Gärten. Um hier zu gedeihen, braucht sie einen warmen, geschützten Standort.

VARIATIONEN VON KLEINEN GÄRTEN / 155 /

4

3, 4 / *Ebenfalls eine Topfpflanze ist diese kleinblättrige Birkenfeige (*Ficus benjamina*), eine gärtnerische Spielerei mit geflochtenem Stamm. Auch sie muss frostfrei überwintert werden.*
Was hier aussieht wie verspielter Schmuck, sind Bleigewichte. Sie ziehen die Äste dieser Konifere mit der Zeit in die gewünschte Position.

1 / Für einen botanischen Garten sind 350 m² etwas klein, aber als „botanisches Gartenzimmer" kann diese extravagante Pflanzensammlung schon durchgehen. Auf dem Hügelchen im Vordergrund entstand eine kleine Gebirgslandschaft mit Föhre, die durch gezieltes Beschneiden in Fasson gehalten wird. Zu ihren Füßen wachsen zwischen Steinbrocken allerlei Alpenpflanzen.

2, 3 / Auf einer Ablage vor dem Wohnzimmerfenster stehen in den Sommermonaten verschiedene Kakteen und Sukkulenten. Im Vordergrund ein Geldbaum-Bonsai, der in seiner Schale dicke Stämme bildet.
Aus alten Verandafenstern wurde an das Wohnhaus ein sogenanntes Kalthaus angebaut. Hier werden die nicht winterharten Pflanzen frostfrei überwintert.

4 / Man könnte die Behauptung aufstellen, dass Gärtner eher zum Sammeln neigen als Gärtnerinnen. Die reizende Hauswurz-Sammlung auf diesem Gartentisch scheint das zu bestätigen. Die auch in unseren Breiten frostresistenten Dickblattpflanzen – SEMPERVIVUM – sind in ihrer Sortenvielfalt unerschöpflich. Man muss sie einfach alle haben!

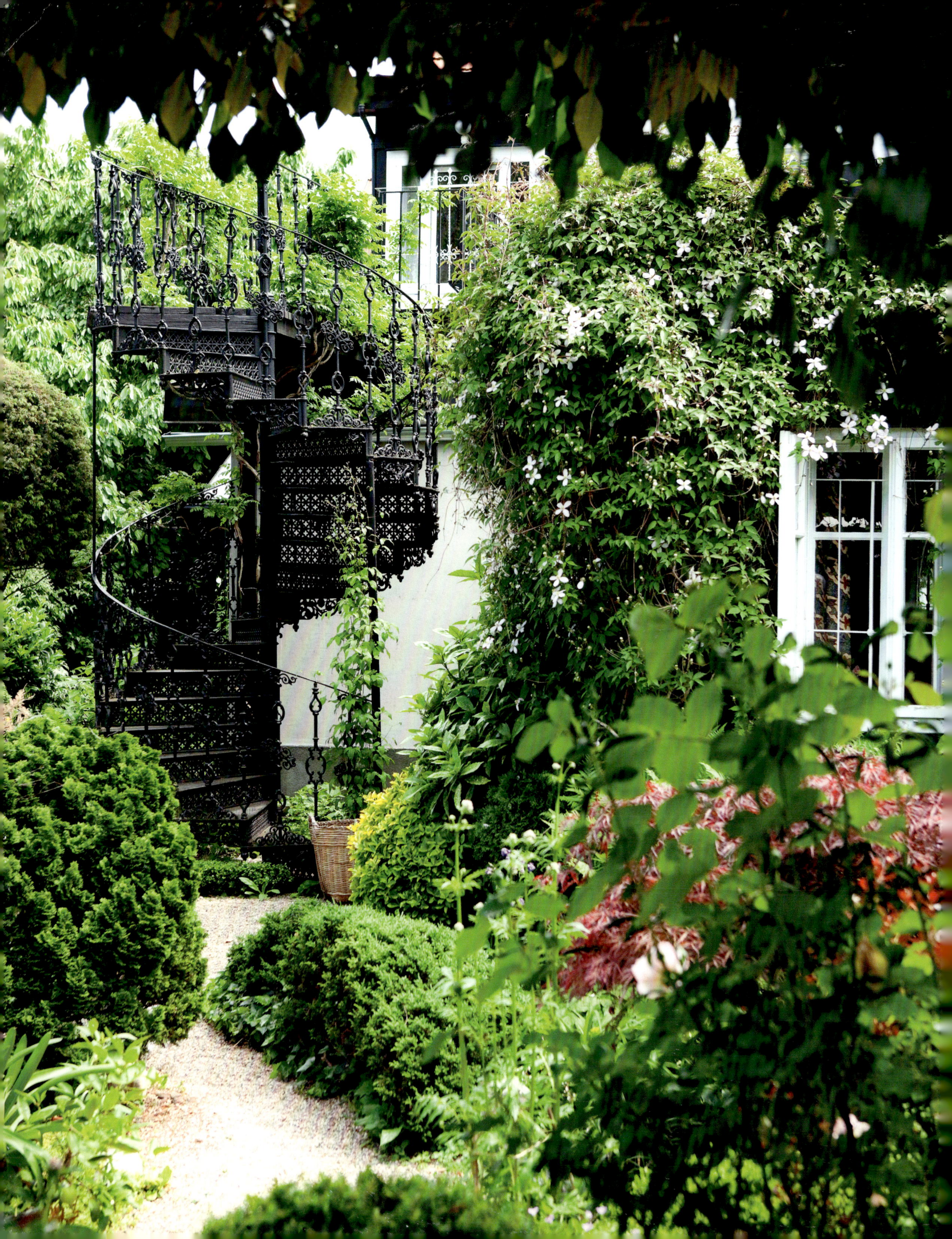

KLEINER GARTEN – GROSSE LEIDENSCHAFT

Auch im Bezirksteil Speising des 13. Bezirks, auf einem ehemaligen Teilstück des Lainzer Tiergartens, das 1919 abgetrennt, parzelliert und bis 1927 mit 140 Einfamilienhäusern bebaut wurde, sollte nach dem Vorbild englischer Gartensiedlungen das „Gesamtbild eines mit Wegen gestalteten Obstgartens" entstehen.

☙

Stattdessen wurde es eine individuelle Wohnsiedlung mit eher kleinen Gärten. Einer davon hat in den letzen Jahren viel kreative Veränderung erlebt. Als die Gartenbesitzerin hier in den 1960er-Jahren mit ihrem Mann, einem Bildhauer, und ihren zwei Kindern einzog, musste erst das Haus familiengerecht umgebaut und der verwilderte, ehemalige Nutzgarten gerodet werden. In den ersten Jahren diente der Garten hauptsächlich den Kindern zum Spielen, es gab ein Kinderhaus und ein altes Motorrad als Spielgerät. Doch dann begann der Garten zur Herzensangelegenheit der Hausherrin zu werden. Sie legte Kieswege an und einen kleinen Teich, pflanzte gezielt Gehölze und erste Stauden. Schon als Kind hatte sie sich für Gartenarchitektur interessiert – nun hat sie ihr Gartenreich durchkomponiert, in Kreisen angelegt: Drei große Kreisbeete bilden ein miteinander verbundenes „S", einige Gehölze sind kugelig geschnitten und wiederholen so die runde Form der Beete.

☙

Durch ihre Berufstätigkeit bekam der Garten lange nur einen Teil jener Aufmerksamkeit, die seine Gärtnerin ihm eigentlich zukommen lassen wollte. Doch als Monika vor ein paar Jahren in Pension ging, erwachte die Gartenbegeisterung zur richtigen Leidenschaft. „Mein Leben wird jetzt durchaus vom Garten bestimmt", lächelt die „Gartenfee" zufrieden. „Man muss ja laufend daran arbeiten, dass es dann so aussieht, wie man es will. Dazu kommen wunderbare Gartenreisen und der rege Austausch mit Gartenfreunden!"

Es kommt nicht auf die Größe an – das gilt auch für Gärten! Von der historischen Wendeltreppe am Haus ausgehend, führt ein Rundweg durch den ca. 350 m² großen Garten, dessen Anlage drei große Kreise und zwei S-förmige Schleifen zugrunde liegen.

1 / Alles findet hier seinen Platz: geschwungene Wege zwischen den Beeten, verschiedene Sitzplätze und ein Gerätehäuschen. Durch den gepflasterten Sitzplatz entstand ein kleiner Höhenunterschied, das heißt, nicht nur das Auge nimmt hier die Vielfalt wahr, auch die Füße tun es! So ist die Struktur zwischen Grün und Blumeninseln auch spürbar.

2 / In den letzten sieben Jahren hat sich die Gärtnerin gezielt mit ihrem grünen Reich auseinandergesetzt. Hat ein kleiner Garten seine Strukturen, kann es zwischen den Formschnittgehölzen wie Eibe, Buchsbaum und Wacholder ruhig ordentlich wuchern. Vor dem großen Sitzplatz in Hausnähe erinnert eine Metallskulptur an den verstorbenen Ehemann.

VARIATIONEN VON KLEINEN GÄRTEN / 161 /

3, 4 / *Mit Efeu völlig zugewachsen ist ein abgestorbener Zwetschgenbaum. In seinem lichten Schatten zeugen auf einem alten Gartentisch Sammlungen dekorativer Art von den Vorlieben der Gartenbesitzerin. Die vielen Jahre, die die kunstsinnige Gärtnerin mit einem Künstler teilte, spiegeln sich in seinen Werken wider, die überall aus den blühenden Beeten herausragen.*

1 (↑), 2   3

1, 2 / Die alte Wendeltreppe ist ein hübsches Andenken an das Schloss, in dem die Familie einige Jahre lang eine Wohnung hatte. Sie führt in die obere Etage des kleinen Hauses. Im Sommer gelangt man so direkt aus dem Schlafzimmer in den Garten hinunter. Die metallenen Lettern, die das Wort GARTEN bilden, stammen, wie vieles hier, vom Alteisenplatz.

3 / Einige der Gehölze wurden schon vor vierzig Jahren gepflanzt und werden regelmäßig in Form geschnitten. Ein kleiner Garten erfordert Zugeständnisse. So werden Nadelgehölze immer wieder aufgeastet (die unteren Äste werden weggeschnitten), damit neue Staudenpflanzungen für das blühende Gartenjahr darunter Platz finden.

4 / *Wer die Wendeltreppe erklimmt, wird mit einem Überblick über den gesamten Garten belohnt (das Gebäude am oberen Bildrand ist schon das Nachbarhaus). So ist die ursprüngliche Anlage auf einen Blick zu erkennen: Die drei großen Kreise und zwei miteinander verbundene „S" machen ein schlichtes Rechteck zum interessanten Gartenerlebnis.*

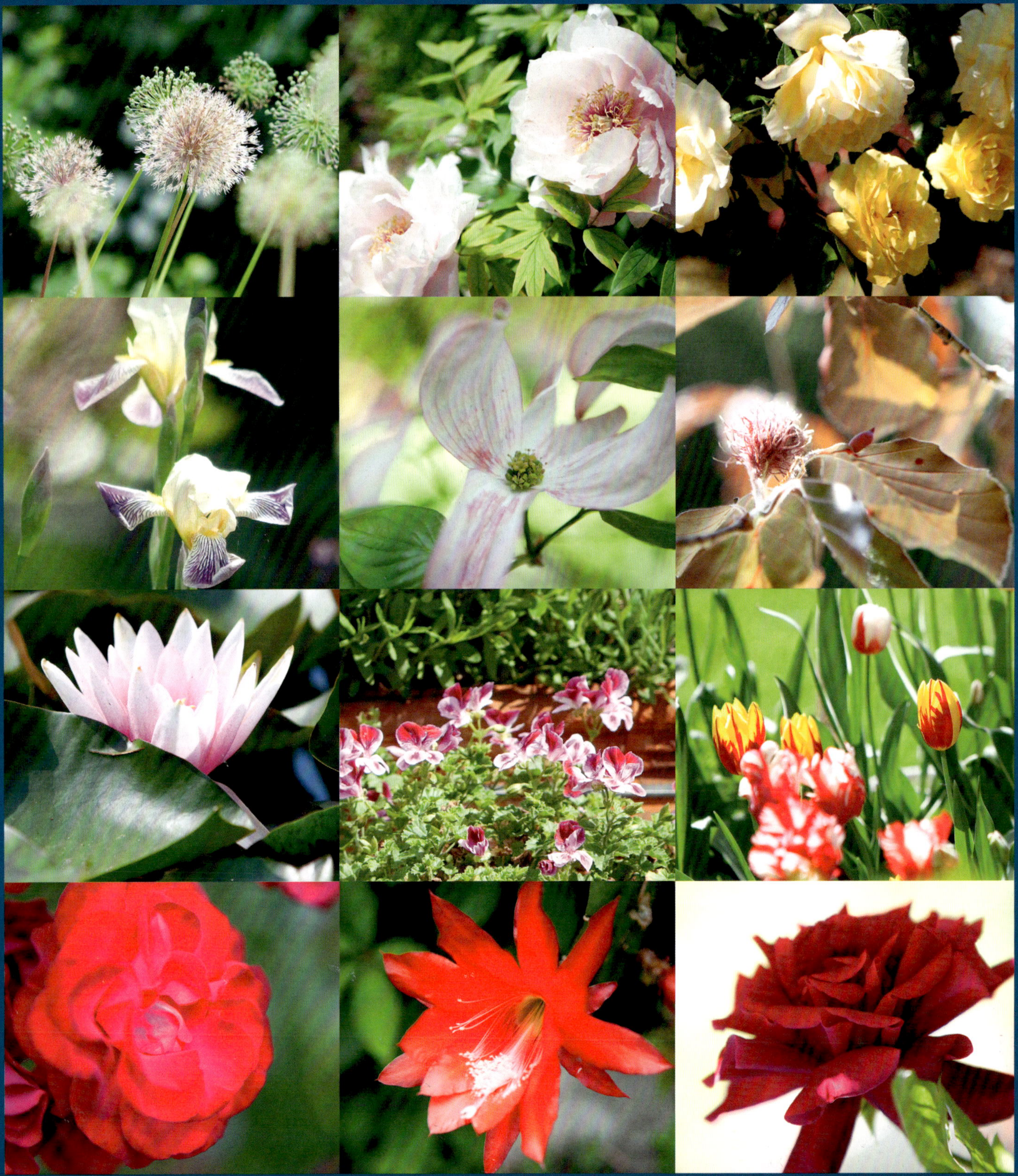

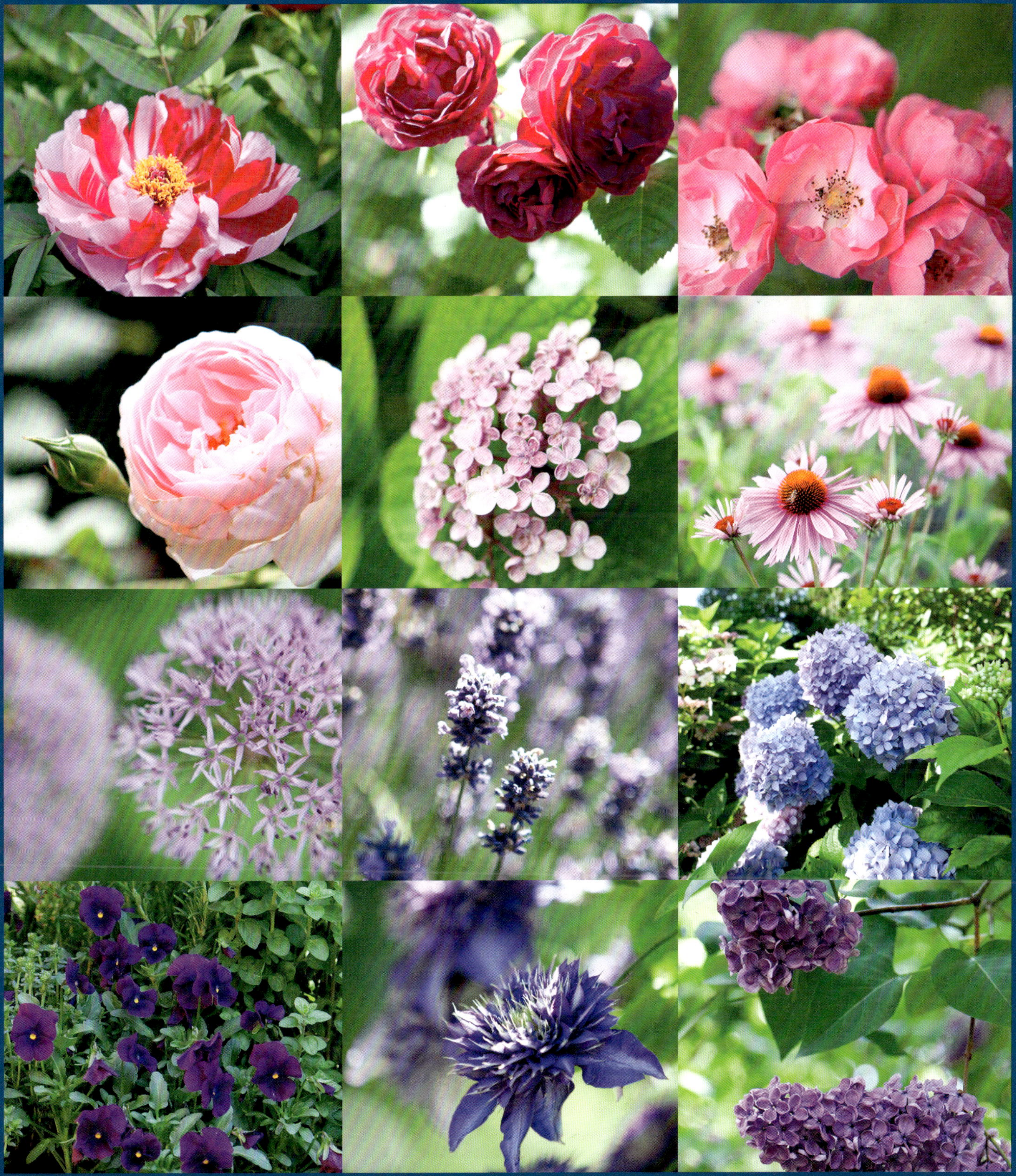

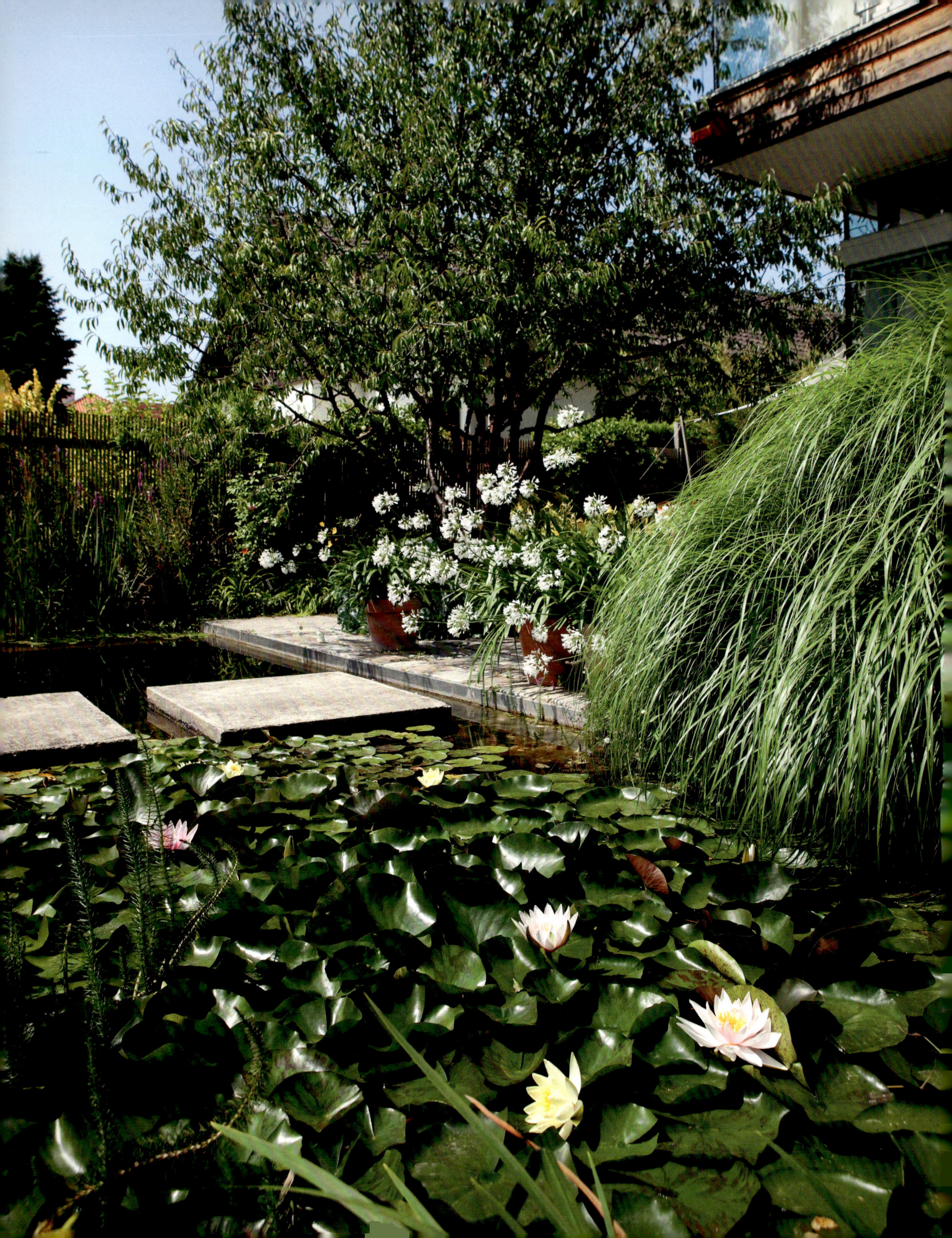

INSEL DER GARTENKULTUR

Als ambitionierter junger Landschaftsarchitekt kam Stefan Schmidt 1980 aus Deutschland für ein Forschungsprojekt nach Wien, ließ sich nieder, heiratete eine Wienerin und machte sich mit innovativer Gartenarchitektur einen Namen. Am nordöstlichsten Zipfel Wiens schuf er für sich und seine Familie eine „Insel der Gartenkultur mit heutigen Mitteln".

ೞ

„Die Architektur macht den Garten", beschreibt der Gartenarchitekt sein Thema, „ohne Struktur ist es trotz schönster Pflanzen kein Garten. Klare Architekturelemente vermitteln Ruhe – denn die Pflanzen sind ja durchaus was Wildes!" Für Stefan Schmidt lebt ein Garten von Kontrasten: „Das Gebaute ist linear und die Pflanzen antworten. Der Garten braucht Knochen, also gebaute Strukturen, dadurch wirkt Gepflanztes noch lebendiger."

ೞ

Der Garten am Rand des 22. Bezirks war jahrelang der Sommergarten der Familie. Eine Spielwiese, alte Obstbäume und ein schlichtes Sommerhaus verbreiteten eine schöne, lässige Atmosphäre. Mit dem neuen Haus, in dem die Familie ihren Hauptwohnsitz im Grünen nahm, war mit einem Schlag das alles weg. Doch dann entstand rund um das moderne Wohnhaus mit seinen traditionellen Materialien wie Holz und Glas auf nur 350 m² ein Gartenraum, der alles bietet, was das Gärtnerherz höher schlagen lässt: Auf wenigen Quadratmetern finden Rasen, Staudenbeete, Wasser, Topfgarten und ein Gartenhaus mit integrierter Sauna ausreichend Platz.

ೞ

Wasser war ein Thema, das lange überlegt wurde. Bei so einer kleinen Fläche steht eine klare Entscheidung an und die Schmidts entschieden sich – für den natürlichen Wassergarten. Der Schwimmteich befindet sich im Zentrum des Gartens. „Wir wohnen jetzt am Wasser und das ist einfach von wunderbarer Qualität. Und mal ehrlich, wer sitzt schon abends gerne an einem Pool und schaut aufs Wasser, wenn er auch einen umpflanzten Naturteich haben kann?!"

www.landschaftsarchitekt.at

Wer sagt, dass ein naturnaher Schwimmteich immer wild aussehen muss? Hier trifft eine klare Formensprache auf durchaus üppiges Pflanzenhabitat – und das Ergebnis verbreitet eine unwiderstehliche Mischung aus Modernität und Romantik.

1

2

1, 2 / In diesem Garten hat ein Experte, dem sein Beruf wahre Berufung ist, auf kleinstem Raum gezeigt, was durchdachte Gartenplanung alles vermag. Ein ausgeklügelter pflanzlicher Rahmen begleitet Wohnhaus, Wasserbecken, Rasenfläche und das abschließende Nutzgebäude fließend. Auch eher selten Gepflanztes (im großen Bild rechts unten) wie der Küsten-Meerkohl (CRAMBE MARITIMA) fühlt sich hier wohl.

3, 4 / In kleinen Gärten kommen Gehölze mit spektakulärer Rinde wie die Tibet- oder Mahagonykirsche (PRUNUS SERRULA 'TIBETICA') gut zur Geltung.
Kontrastreich auch die Materialverwendung: Holz, Glas, Stein, alles durchaus traditionell, und für die Abgrenzung zum Nachbarn wurden Stabmatten verwendet.

1

VARIATIONEN VON KLEINEN GÄRTEN / 171 /

2

3 (↑), 4

1 / Bei einer so kleinen Fläche (350 m²) muss man sich entscheiden – Rasen zum Fußballspielen oder doch lieber ein Teich zum Schwimmen? Die Entscheidung ist Stefan Schmidt, seiner Frau Sylvia und beiden Söhnen leicht gefallen: Wasser im Garten ist zu jeder Jahreszeit eine Bereicherung und weniger Rasenfläche zum Mähen gab es dadurch auch.

2 / Der Schwimmteich mit seiner klaren Form ist ein reiner Naturteich. Naturnahe Gestaltung kann heute durchaus ein modernes Gesicht haben. Dahinter ist der Hausbaum, die Tibetkirsche, in seiner vollen Pracht zu sehen, mit graublättrigem Meerkohl zu seinen Füßen. Der wächst in der Natur an Küsten und passt gut zum Wasserbecken.

3, 4 / Vor einem Beet mit wuscheligem Chinaschilf (MISCANTHUS CHINENSIS) stehen Töpfe mit südafrikanischen, weißen Schmucklilien (AGAPANTHUS) als aparter Akzent.
Über dem Außen-Essplatz sorgt zusätzlich zum schattenspendenden Hausbaum ein Sonnensegel für Beschattung an heißen Sommertagen.

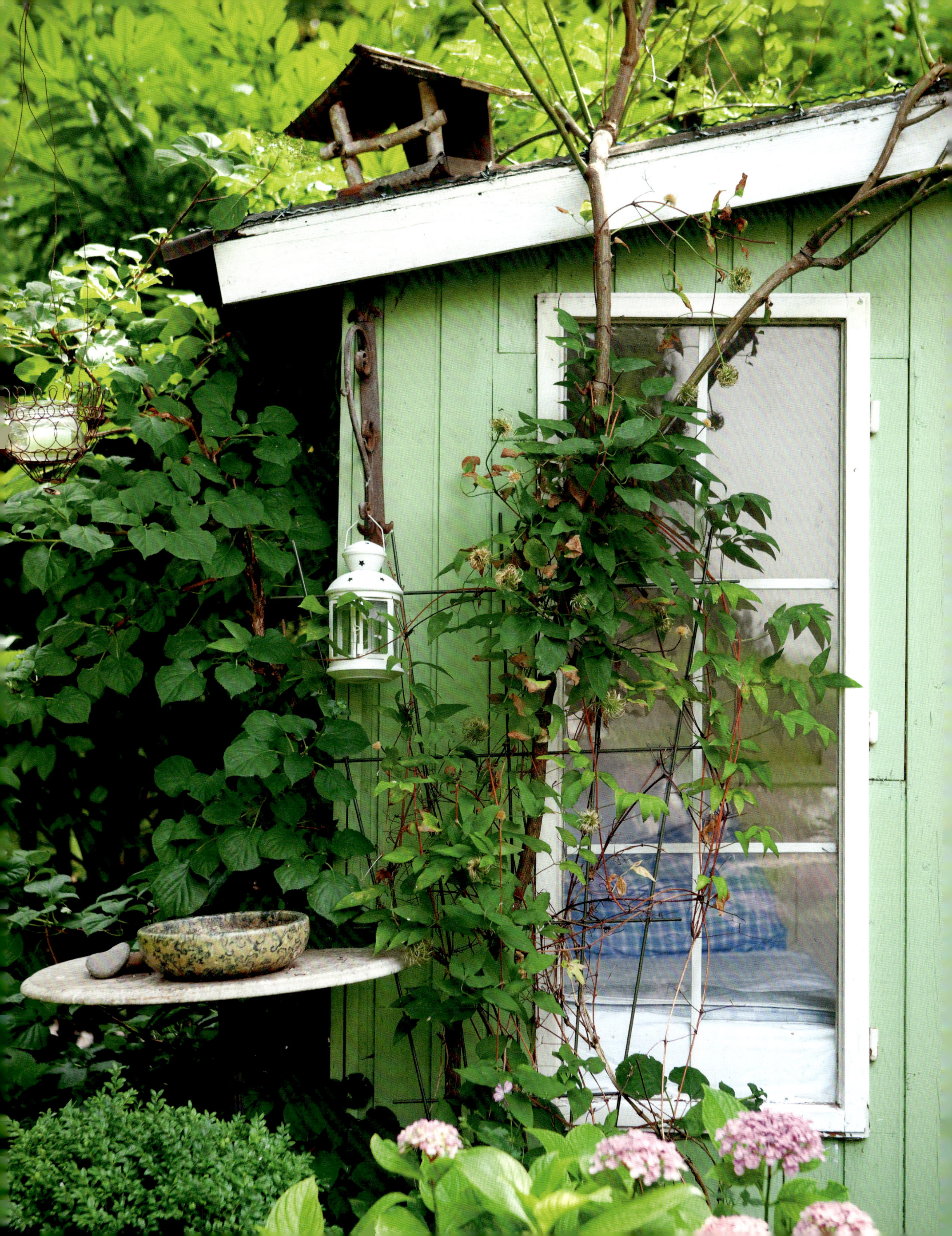

ENGLISCHE ROMANTIK IM ZEHNTEN BEZIRK

Gerade die richtige Größe hat dieser kleine Reihenhausgarten für die Bedürfnisse seiner Gärtnerin, der Gartenreise-Veranstalterin und Gartengestalterin Petra Gmainer. Den größten Teil der Saison ist sie mit ihren Reisegruppen im Gartenparadies England unterwegs, ein größerer Garten wäre da kaum zu bewältigen. 10 x 20 Meter misst Petras Gärtchen, doch dank der alten Bäume in den Nachbargärten, des unmittelbar an den Garten anschließenden Wäldchens und der in weichen Wellen gestalteten Beete wirkt er um einiges größer.

೮౩

Das Gärtner-Gen und den Garten hat Petra von ihren Großeltern geerbt, die als junges Paar aus der grauen Vorstadt unbedingt in die damals neue Per-Albin-Hansson-Siedlung am Laaer Berg, dem südlichen Teil des 10. Wiener Gemeindebezirks, umziehen wollten. Beide stammten vom Land und in dieser Siedlung gab es Reihenhäuser mit Gärten zur Selbstversorgung, so wie sie es von zu Hause gewohnt waren. Die Siedlung war benannt nach dem schwedischen Ministerpräsidenten (dessen Büste heute noch den Stockholmer Platz ziert), der Wien nach dem Zweiten Weltkrieg Hilfe und Unterstützung zukommen ließ; so gibt es in der ganzen Siedlung bis heute schwedische Straßenbezeichnungen.

೮౩

Durch viele Reisen in Gartenländer wie England, Frankreich und die Niederlande und die Arbeit als Gartengestalterin wurde Petras Vorstellung für ihr kleines Gartenreich romantisch geprägt. Als sie ihren Garten nach den eigenen Wünschen gestaltete, bevorzugte sie ein weiches Gartenbild mit nostalgischen Pflanzen wie Päonien, Rosen und Clematis, Buchskugeln, Tulpen und Akeleien und Hortensien im Sommer. Und obwohl die Gartenfachfrau jedes Mal fest vorhat zu widerstehen, bringt sie von jeder Reise ein spezielles Pflänzchen mit nach Wien, von dem sie hofft, dass es unserem pannonischen Klima gewachsen ist.

www.gartenreise.com

Das Gartenhäuschen im „shabby chic" steht für den romantischen Stil, den die vielseitige Gartengestalterin für sich selbst bevorzugt. Vom Gartenland England ist auch die Pflanzenauswahl inspiriert, der Großteil der Blumenkinder stammt aus englischen Gärtnereien.

1 / Auf den ersten Blick wirkt das Gärtlein so, als läge es im tiefen Wald. Das liegt an dem angrenzenden Wäldchen hinter dem Zaun. Und die hohen Bäume der Nachbarschaft lassen den Garten auch viel größer erscheinen. Eine bewusst mittig gesetzte Gehölzgruppe und die weich geschwungenen Randbeete erzeugen ein liebliches Gartenbild.

VARIATIONEN VON KLEINEN GÄRTEN / 175 /

3

4

2 / Bis jetzt hat sich noch kein Gast gefunden, der in Petras Gartenhütte übernachtet hätte. Das hellgrün gestrichene Häuschen wurde bisher nur fürs Mittagsschläfchen genutzt oder einfach zum Entspannen. Normalerweise wird in einer Gartenhütte Werkzeug oder Gerümpel aufbewahrt, die Gartengestalterin machte daraus ein romantisches Refugium.

3, 4 / Spiegel sind ein beliebter Trick für kleine Gärten. Im dunkelsten Winkel wird das Sonnenlicht gespiegelt und dadurch der ganze Raum vergrößert. Davor rankt eine italienische Waldrebe (CLEMATIS VITICELLA).
Verschiedene Kräuter im Töpfchen stehen griffbereit auf einem Tisch auf der Terrasse – ein Muss für die begeisterte Köchin.

1 (↑), 2   3

1, 2 / Zitronenverbene (Aloysia citrodora) ist nicht winterhart und muss im Haus überwintert werden. Aber dieses wunderbar duftende Kräutlein eignet sich hervorragend für Tee (pflücken und frisch überbrühen) oder für Süßspeisen.
Nein, diese hübschen Vogelhäuschen stammen nicht aus England, sie sind ein Mitbringsel von einer Gartenreise nach Holland.

3 / Auch in Hausnähe wuchert es hier überall aus den Töpfen. Man könnte glauben, ein englisches Cottage vor sich zu haben und nicht ein kleines Eckreihenhaus in der Per-Albin-Hansson-Siedlung! Das Terrassenmäuerchen ist schon komplett mit Efeu überwachsen und einige Buchskugeln umschmeicheln den Stamm einer Felsenbirne (Amelanchier).

GARTEN BEDEUTET FÜR PETRA WUNDERBARER, ZUSÄTZLICHER LEBENSRAUM!

4 / Pause muss auch für Gärtner sein und das wird in diesem Cottagegarten immer sehr britisch zelebriert: Tee im Rosendekor, Biokekse von Prinz Charles, geblümte Tischdecke und romantische Kissen für die Korbmöbel. Wer sich da nicht entspannt, mit Blick auf ein zauberhaftes, kleines Gartenreich, ist selbst schuld!

5 / Auch in den Innenräumen der Gartenreiseveranstalterin und Gartengestalterin ist ihr Metier, der Garten, immer präsent. Blüten aus dem Garten oder von einem der täglichen Spaziergänge mit ihrer Hündin dürfen immer die Vasen füllen. Als Nebeneffekt der Reisetätigkeit füllt sich auch das Haus langsam mit englischen Andenken.

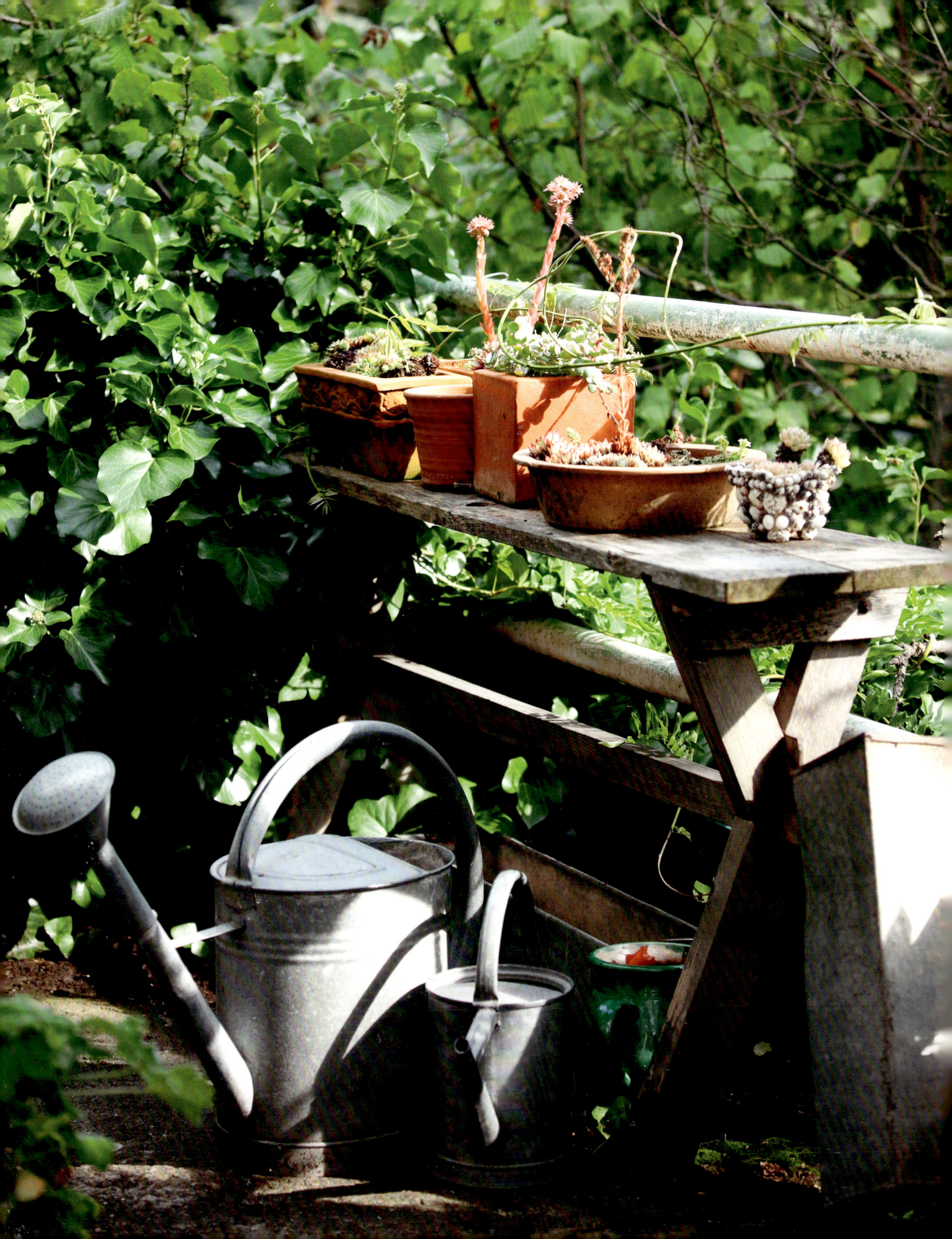

WENN WÜNSCHE WAHR WERDEN

Die Erfüllung ihres brennenden Wunsches nach einem eigenen Garten hat die Gartenbesitzerin ihrer Schwiegertochter zu verdanken. Als diese von Salzburg nach Wien zog und ein Teil der Familie wurde, wollte sie verständlicherweise, wenn schon in der Stadt, dann unbedingt im Grünen wohnen. Durch ein Inserat fand das junge Paar einen Kleingarten mit altem Haus mitten im Grüngürtel im 14. Bezirk. Anfangs war das ideal, wurde aber bald für die sich vergrößernde Familie zu klein und unkomfortabel. Also boten sie es den Eltern als Sommerhaus an. Für die neue Besitzerin ging damit ein Herzenswunsch in Erfüllung. Jahrelang hatte sie als „Gärtnerin im Herzen" nur ein paar Beete des Tennisplatzes betreut, wo ihr Mann seine Wochenenden mit sportlicher Aktivität verbrachte. Nun konnte sie ihre große Liebe endlich ausleben!

ತಿ

Der Garten liegt mitten im Kleingartengürtel am Rande des Wienerwalds, eingebettet in das Erholungsgebiet hinter den „Steinhofgründen". Hier gibt es Kleingartensiedlungen seit den 1920er-Jahren, die damals buchstäblich aus dem Wald herausgerodet wurden. Das kleine Häuschen stammt aus den 1930er-Jahren, der Garten wurde in den 1950er-Jahren professionell umgestaltet und terrassiert. Das kommt der passionierten Gärtnerin jetzt zugute, mit den vorhandenen Strukturen war sie sehr zufrieden.

ತಿ

Auch gab es alte Obstbäume wie Birnen und Winteräpfel, dazu hat man noch zwei Kirschbäume und einen Marillenbaum gepflanzt, aber ansonsten nur Stauden wie Frauenmantel, Farne und Efeu. „Der Herbst ist meine liebste Jahreszeit im Garten", schildert die Gärtnerin ihre Vorlieben, „wenn alles schon ein bisschen hängt und müde vom Blühen ist! Hier wird nichts aufgebunden oder gezähmt, alles darf wachsen, wie es will".

Stillleben der gärtnerischen Art zieren die kleine Terrasse eines Schrebergartenhauses aus den 1930er-Jahren, mitten in der Natur, in einem Garten mit herrlichem Ausblick, nur eine Viertelstunde von den Innenbezirken entfernt.

1

2

1, 2 / „Was bitte braucht der Mensch noch mehr?", denkt sich die glückliche Gärtnerin, wenn sie mit ihrem Mann auf der Terrasse sitzt und einfach nur entspannt in die Natur schaut. Die kleinen Geräusche aus den umliegenden Gärten gehören dazu. Das Klapp-klapp von Astscheren oder das Tuckern von Rasenmähern, ab und zu ein Ordnungsruf an Kinder in der Nachbarschaft … und ansonsten nur paradiesische Ruhe.

3, 4 / Die alten Obstbäume standen schon im Garten, als ihn die Familie übernahm. Und sie tragen fast jedes Jahr prächtig, nur die Äpfel machen manchmal ein Jahr Pause. Doch dieses Jahr kommt ihre Gärtnerin mit dem Ernten kaum nach. Da müssen schon alle Enkelkinder mithelfen. Durchs Draufsteigen beim Pflücken wurde auch die alte Gartenbank schon etwas wackelig.

VARIATIONEN VON KLEINEN GÄRTEN / 181 /

3

4

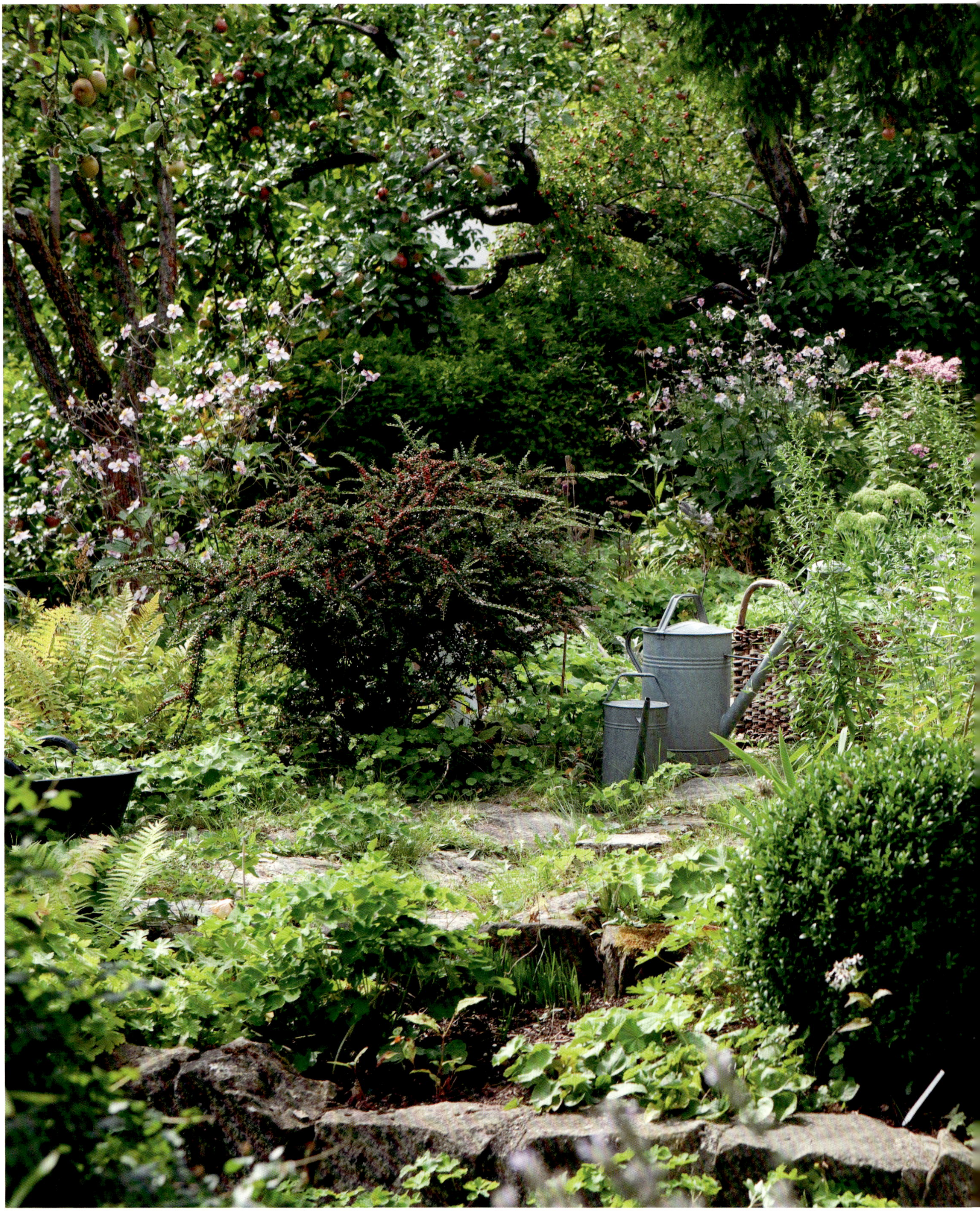

In den 1950er-Jahren wurde dieser Kleingarten vom sehr beliebten Gartengestalter Eipeldauer terrassiert. Darüber freut sich die Gärtnerin noch heute. Sie war mit der vorhandenen Struktur zufrieden, nur der Boden musste stark verbessert werden. Säcke voll Kompost, Kies und Sand wurden eingearbeitet, bevor an Stauden auch nur zu denken war. Jetzt wächst alles gut, denn es wird nur standortgerecht gepflanzt und was nicht ordentlich wächst, fliegt wieder raus!

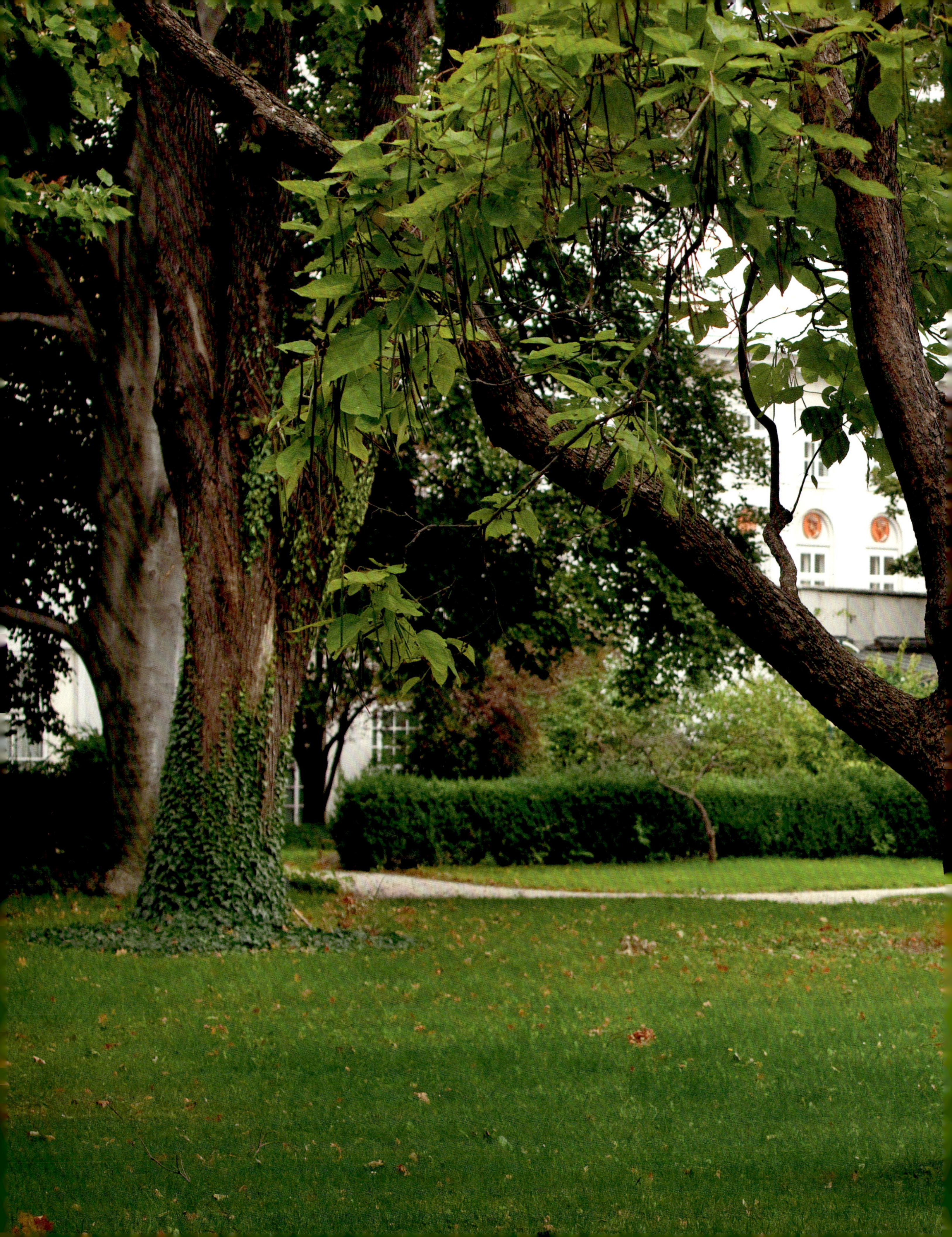

KAPITEL 6

VERWUNSCHENE PARKLANDSCHAFTEN

Neben all den prächtigen historischen Parks und Gärten, die in Wien dem Publikum zur Verfügung stehen, blüht auch so mancher Schatz aus der Vergangenheit unbemerkt von der Öffentlichkeit hinter verschlossenen Gartentüren.

Viele der einstigen Schlossparks und Villengärten des 17., 18. und 19. Jahrhunderts im Wiener Stadtgebiet führen heute ein stilles Dasein im Verborgenen. Drei davon haben wir besucht und durften eintauchen in die geheimen Überbleibsel einer Gartenwelt von gestern.

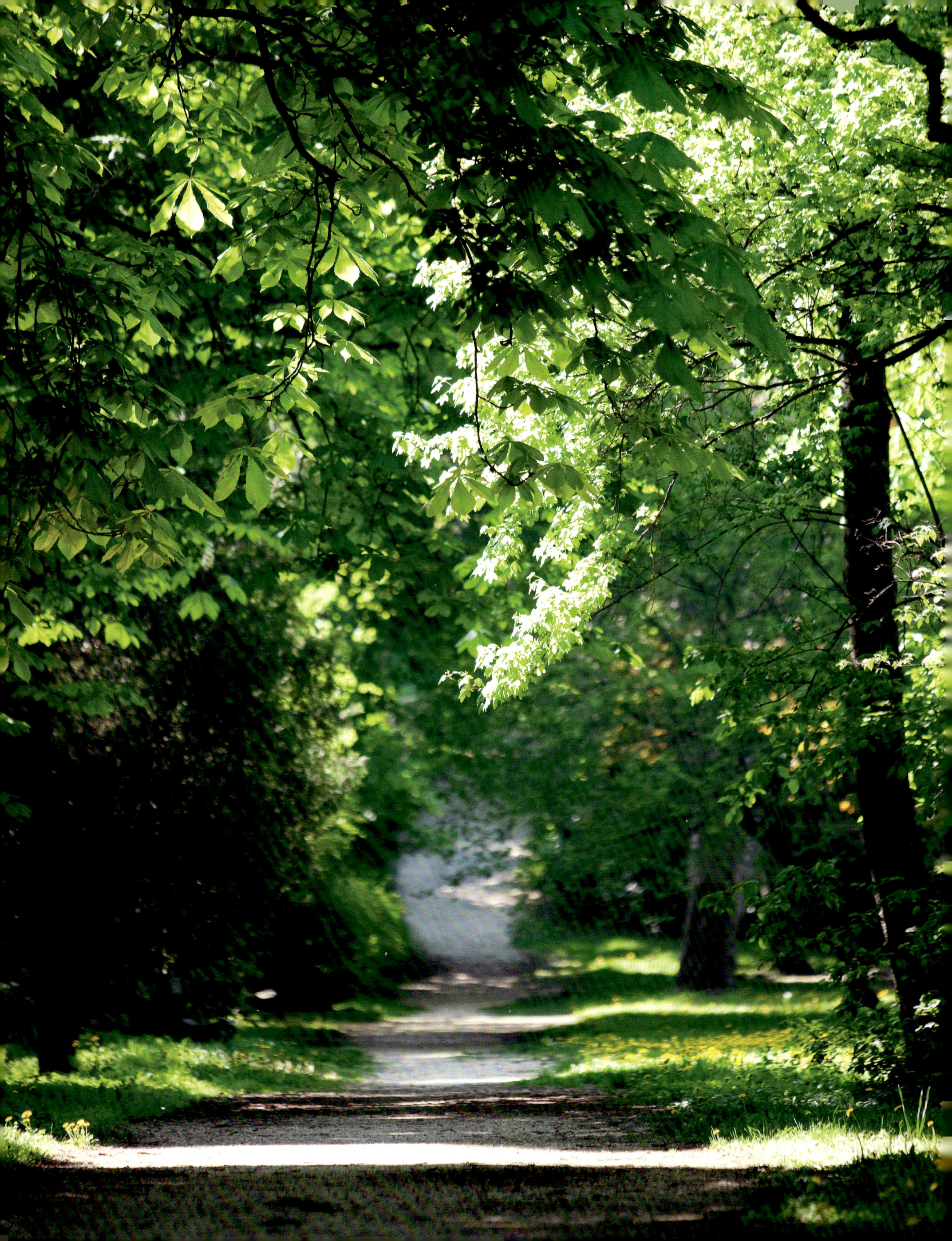

EIN STILLER GARTEN

„*Dieser Garten ist jener merkwürdige Ort der merkwürdigen Stadt, die Wien ist, der von jenen Menschen aufgesucht wird, die noch vor dem Leben oder bereits nach dem Leben sind. Es ist der Garten der Kinder und der Greise; derjenigen, die noch nichts wollen und derjenigen, die nichts mehr begehren – außer das eine: friedlich im Augenblick aufzugehen.*"

So beschrieb Arthur Roessler (1877–1955), Kunstschriftsteller, Kunstkritiker, Entdecker und Förderer Egon Schieles, 1909 den fürstlich Schwarzenberg'schen Garten im 3. Bezirk aus persönlicher Sicht.

Was würde der sensible Beobachter wohl heute sagen, bekäme er einen Schlüssel zur Gartentüre ausgehändigt, die in der hohen Mauer in der Prinz-Eugen-Straße den Zutritt in den Garten gewährt? Er müsste seine Wohnung im nahen Umfeld haben, denn nur Anrainer erhalten heute die Möglichkeit, einen Teil der Parklandschaft zu betreten, um darin spazieren zu gehen. Kinder oder Greise sind mir in diesem stillen Garten neben der lauten Straße nicht begegnet, nur eine Spaziergängerin, die ihre Runden drehte und die ersten Frühlingssonnenstrahlen sichtlich genoss.

Wie ein vergessenes, grünes Inselchen liegt der Schwarzenberggarten zwischen Prinz-Eugen-Straße und dem Belvederegarten. Von seiner großartigen Vergangenheit als barocker Lustgarten ist so gut wie nichts mehr zu sehen, nur ein Paar steinerne Putti sind durch einen Maschendrahtzaun zu erspähen. Am unteren Ende der grünen Insel wird das Gartenpalais Schwarzenberg seit einigen Jahren renoviert, am oberen Ende residiert seit Jahrzehnten der noble Tennisclub Schwarzenberg. Begrenzt von barocken Balustraden wirkt dieser verschwiegene Landschaftspark mit seinen uralten Bäumen wie ein Zaubergarten aus einer anderen Zeit. Auch heute noch verführt dieser Ort nur zu einem: „friedlich im Augenblick aufzugehen".

Beeindruckende Gehölzvielfalt birgt dieses geheime Parkjuwel. Bäume wie Blutroter Spitzahorn, Blauglockenbaum, Mispelblättrige Eiche, Rosskastanie, Blasenbaum, Japanischer Schnurbaum, Trompetenbaum und noch vieles mehr teilen sich hier seit langem den Lebensraum.

1 / In einem Winkel fanden wir einen weißen Fleck, der sich als Gruppe von Milchsternen (ORNITHOGALUM) entpuppte. Diese kleine Zwiebelpflanze verwildert gerne, vielleicht ist sie vom nahen Botanischen Garten eingewandert. Wien ist ja erstaunlicherweise eine richtige botanische Oase – 75 Prozent der Flora und Fauna Österreichs findet man in der Hauptstadt.

2, 3 / Hinter Fliederbüschen an der Mauer taucht die nahe Kuppel der Salesianerkirche auf, hinter der Kirche liegen Gartenschätze verborgen, die noch zu erforschen sind. Der untere Teil des Schwarzenberggartens ist versperrt, doch der Blick von der Balustrade fällt auf den formalen Gartenteil mit einem Wasserbecken, Buchsskulpturen und weitläufigen Wegen.

4 / Wie ein Symbol für Rast und Ruhe steht die alte Parkbank vor der Löwenzahnwiese, die als goldener Teppich unter den ehrwürdigen Baumriesen liegt. Durch die hohe Mauer in der belebten Prinz-Eugen-Straße wird der Verkehrslärm erfolgreich davon abgehalten, die unglaubliche Stille, die hier vorherrscht, zu stören.

5, 6 / Es sind die uralten Bäume, die den Zauber dieser verborgenen Anlage ausmachen. Gerade im Frühling verbreiten die blühenden Kastanienbäume ihren eigenen Charme. Dazwischen leuchten rotlaubige Gehölze wie Blutbuche und Blutahorn. Blütensträucher wie Goldregen und Flieder vervollständigen die frühlingshafte Stimmung.

1

1, 2 / Befindet man sich auf dieser großen Wiese, ist der Kontrast zu der Stadt hinter dem Gartentor doch sehr stark. Hier hat man die Natur für sich alleine, das genießt die einzige Spaziergängerin auf ihrer täglichen Runde ganz offensichtlich. Im benachbarten Belvederegarten müsste sie das Parkerlebnis mit vielen Touristen teilen.

3 / Im der Öffentlichkeit nicht zugänglichen Gartenteil ist noch barocker Skulpturenschmuck vorhanden. Vom oberen Teil aus sind aber nur diese verspielten Putti zu sehen, die einen Treppenabschluss zieren. Einige Jahreszeitenstatuen von Lorenzo Mattielli sollten in Nähe des Gartenpalais noch zu finden sein, aber dieser Teil des Parks ist leider nicht zu besichtigen.

VERWUNSCHENE PARKLANDSCHAFTEN / 191 /

2 (↑), 3

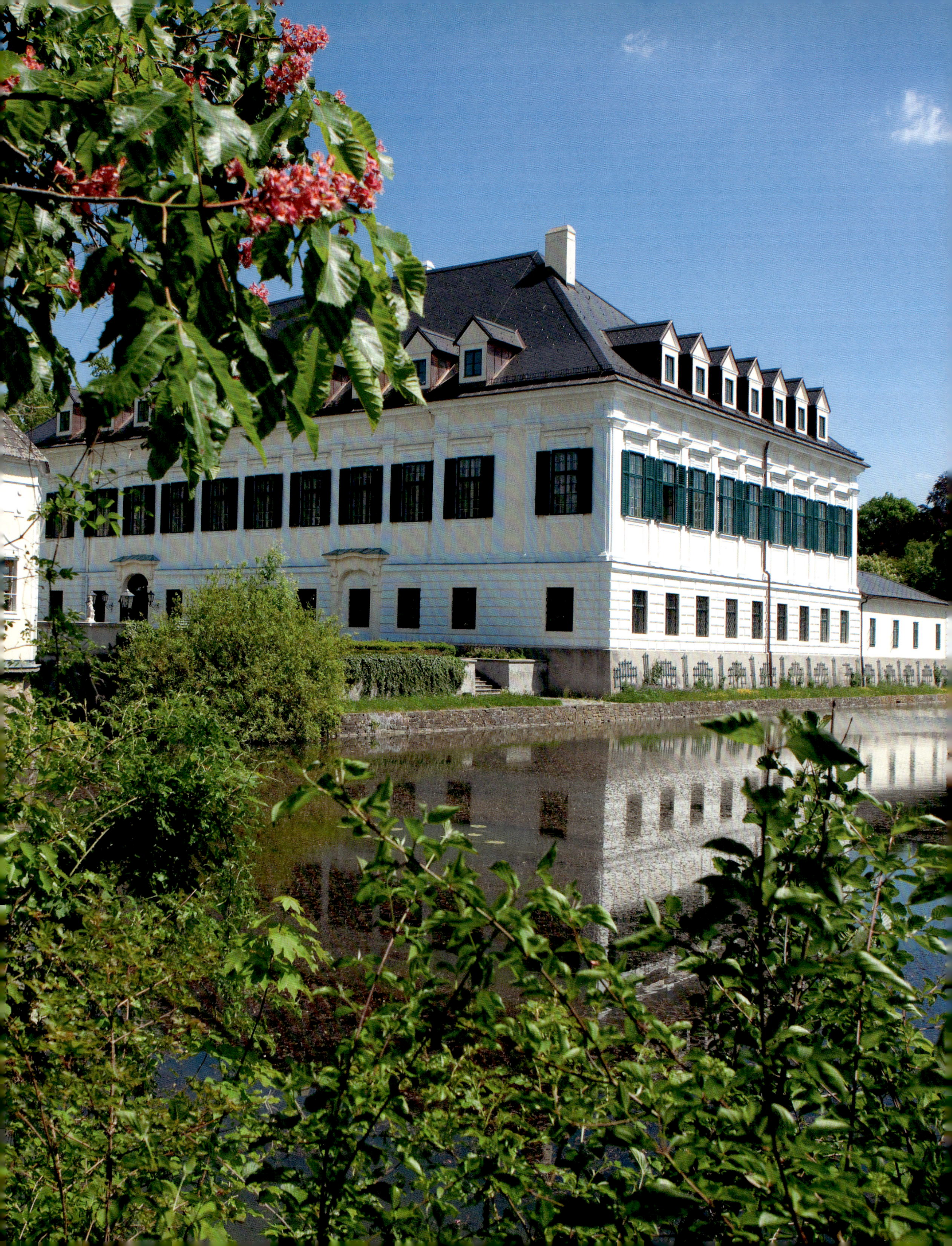

DIE SCHLAFENDE SCHÖNHEIT

Eine wirkliche Besonderheit in der durchaus interessanten Wiener Gartenlandschaft liegt ganz am westlichen Stadtrand. Wiens einziges noch erhaltenes Wasserschloss, Schloss Laudon mit weitläufigem Park und altem Botanischen Garten kennt heutzutage kaum noch jemand.

❧

Im letzten Zipfel von Hadersdorf-Weidlingau im 14. Bezirk gelegen, führt auch dieses historische Juwel ein ruhiges Dasein. 1776 erhielt Feldmarschall Ernst Gideon Freiherr von Laudon von Kaiserin Maria Theresia finanzielle Unterstützung beim Erwerb des Besitzes Hadersdorf. Er adaptierte ihn zeitgemäß und ließ einen Landschaftsgarten anlegen – der seither diesen Namen trägt.

❧

Bis in die 1920er-Jahre im Besitz der Familie Laudon, waren Schloss und Park nach dem Krieg zehn Jahre lang von russischem Militär besetzt. Erst Anfang der 1960er-Jahre erwarb ein Wiener Unternehmer, Konsul Alfred Weiß, das Schloss und baute es zu einem Luxus-Hotel um. Der Herr Konsul war ein Gartenfreund. Er ließ den Schlossteich vom Schlamm befreien, den gemauerten Gartenpavillon erneuern und den Botanischen Garten gegenüber dem Schloss von Gartenarchitekt Oskar Wladar neu gestalten. Mitte der 1970er-Jahre, der Hotelbetrieb wurde eingestellt, mietete die Republik Österreich Schloss und Park von Weiß' Nachkommen und bis heute ist es Sitz der Verwaltungsakademie des Bundes.

❧

Völlig in den Dornröschenschlaf ist Schloss Laudon jedoch nicht gefallen, im Park entstand ein Seminarzentrum und im Schloss können Prunkräume und die Terrasse für gesellschaftliche Ereignisse gemietet werden. Besonders beliebt ist das Heiraten im Schloss, es gibt kaum etwas Romantischeres, als hier im barocken Ambiente den Bund fürs Leben zu schließen!

www.austria.gv.at, Bundeskanzleramt – Schloss Laudon
Info: *renate.kaiser@bka.gv.at*

Ziemlich majestätisch thront Schloss Laudon über seinem Wassergraben, der fast als kleiner See zu bezeichnen ist. Ob die feine Gesellschaft in der Barockzeit hier wohl Bootsfahrten unternommen oder im Kostüm von Schäfer und Schäferin ein Picknick veranstaltet hat?

/ 194 / DIE SCHLAFENDE SCHÖNHEIT

1

1 / Der einstmals „Kleiner Park" und nach der Revitalisierung in den 1960er-Jahren durch Oskar Wladar im Auftrag von Konsul Weiß „Botanischer Garten" genannte Gartenteil wird heute kaum genutzt. Die Wiese wird gemäht und von herab fallenden Ästen befreit und die Wege werden geharkt. Als einziger Spaziergänger fühlt man sich hier ziemlich privilegiert.

2, 3 / Westlich vor dem Schloss am Ufer des Gewässers liegt ein kleiner, gemauerter Gartenpavillon. Er entstand um 1780 und wurde in den 1960er-Jahren vollständig erneuert.
Dies hier ist ein Jäger, mit Hund und erbeutetem Hasen, hemdsärmelig – aber bei Laudon in einer Art Toga!

VERWUNSCHENE PARKLANDSCHAFTEN / 195 /

4 / *Mehr als hundert Linden und Kastanien wurden bis 2002 neu gepflanzt. Auf den heute schon wieder zugewachsenen Wegen kann man lange Spaziergänge machen, der alte Rundweg um das Schloss und um einen Pleasureground (große Rasenfläche, Verbindungsglied zwischen Haus und Gärten) herum wurde wieder hergestellt.*

2 (↑), 3

/ 196 / DIE SCHLAFENDE SCHÖNHEIT

1

2

ES GIBT KAUM ETWAS ROMANTISCHERES, ALS HIER I

1, 2 / *Vom Schlosshof spaziert man hinüber in den Botanischen Garten. In diesem Gartenteil wurde im Zuge des Parkpflegewerks 1998 bis 2002 die Koniferenpflanzung der 60er-Jahre gerodet, sodass die Gartenräume mit ihrem alten Baumbestand, vielen interessanten Gehölzen wie Strauchkastanie, Magnolie, Blutbuche, Schierlingstanne, Riesenlebensbaum etc. wieder sichtbar wurden.*

AROCKEN AMBIENTE ZU HEIRATEN.

3 / Der Innenhof war wie die ganze Schlossanlage nach der sowjetischen Besatzung (1945–1955) ziemlich devastiert. Konsul Weiß ließ im Zuge der kompletten Renovierung im Schlosshof auch einige Statuen aufstellen. Diese Dame in ihrer Nische trägt das olympische Feuer, gilt als eine Darstellung Europas und wird von weißbuntem Efeu etwas überwuchert.

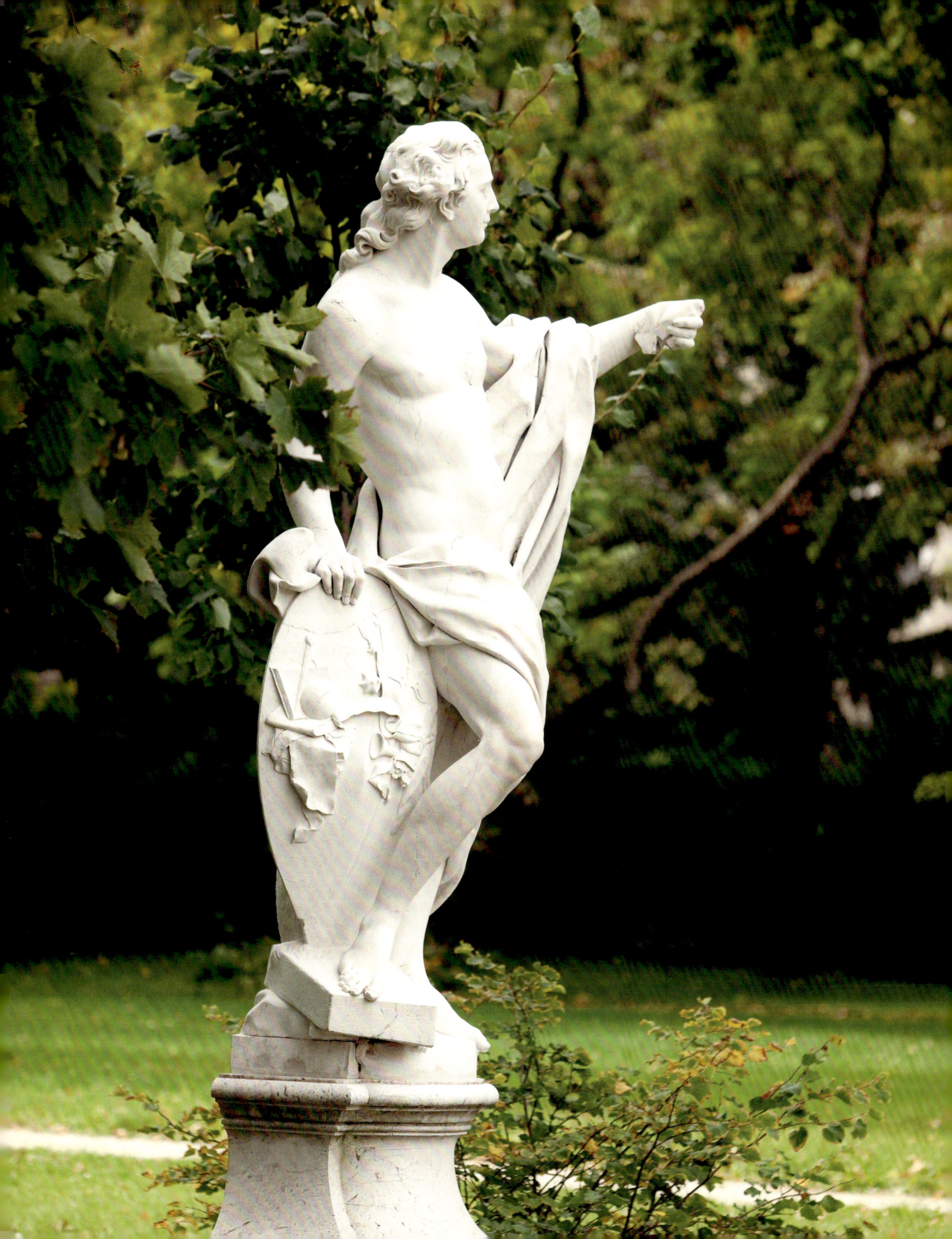

EILAND VON VORGESTERN IM MEER VON HEUTE

Erbaut zu einer Zeit, da prunkvolle Pferdekutschen vor seinem Portal hielten, wirkt das Palais Auersperg am Beginn der Josefstadt, dem 8. Wiener Gemeindebezirk, heute fast anachronistisch. Im ständig vorbeibrausenden Alltagsverkehr scheint das einstige Gartenpalais etwas deplaciert. Auch von den Resten seines Barockgartens ist straßenseitig nichts zu sehen. Und doch liegt ein verträumter Park von ungefähr 5.000 m² auf der Rückseite des Palais, mit hohen, alten Bäumen und einigen wenigen Steinfiguren. In seiner Blütezeit soll es im Garten den sogenannten Flora-Tempel gegeben haben, eine Art Rotunde mit Platz für 300 Personen. Auch eine Grotte, nach der herrschenden Mode mit einem „römischen Grab" ausgestattet, und eine Orangerie gehörten zur Gartenausstattung. Im 19. Jahrhundert wurde der barocke Garten in einen englischen Landschaftspark umgewandelt.

❧

Auch die Innenausstattung des Palais wurde immer wieder dem Zeitgeschmack angepasst. So wurde um 1850 ein Wintergarten mit Glasdach in Eisenkonstruktion angebaut, der, Mitte der 1950er-Jahre durch Oskar Wladar nach der damaligen Mode neu gestaltet und mit exotischen Gewächsen bepflanzt, schon bald beliebter Schauplatz für Bälle und Partys wurde. Auch in unseren Tagen wird diese Stätte der Vergnügungen der Vergangenheit für die unterschiedlichsten Veranstaltungen – von Kongressen und Konferenzen bis zu Konzerten – genutzt.

❧

Musik war in diesem Schlösschen immer schon ein Thema: Johann Adam Fürst Auersperg, der das Palais 1777 erwarb, war ein großer Förderer der Musik. Die Wiener Erstaufführung von Mozarts Idomeneo fand 1786 hier unter W. A. Mozarts Leitung statt. Da könnte es doch gut sein, dass Wolfgang Amadeus sich ein wenig in diesem Garten erquickt hat!

www.auersperg.com

Das massive Gebäude des Gartenpalais schirmt die Parklandschaft vom Getümmel des Alltags vollständig ab. Von der Lerchenfelderstraße und der Auerspergstraße begrenzt, reichte der ursprüngliche Schlosspark bis zur Langegasse hinauf.

/ 200 / EILAND VON VORGESTERN IM MEER VON HEUTE

1

2 (↑), 3

4

MUSIK SPIELTE HIER SPEZIELL IN DER BAROCKZEIT EINE GROSSE ROLLE.

1, 2 / Wege durchschneiden die Rasengevierte und die hohen, alten Bäume wirken wie Wächter aus längst vergangenen Zeiten. Alles ist ein wenig erstarrt, wahrscheinlich freut sich der vergessene, alte Park, wenn wenigstens ab und zu fröhliche Feste gefeiert werden. Das Palais wird als Eventzentrum genutzt und in den Sommermonaten wird auch der Park mit einbezogen.

3, 4 / Aus den Anfängen des 19. Jahrhunderts stammen die Steinfiguren, die heute noch im Park aufgestellt sind. Aus ihrer Nische wacht eine steinerne Flora über den Park (3) und ein äußerst eleganter Apollo (4) zieht im Grünen die Blicke auf sich.
In den 1950er-Jahren wurde der ehemalige Wintergarten des Palais zum Kaffeehaus umgestaltet, damals waren die Überreste des verborgenen Parks noch mit Leben erfüllt.

1

1, 3 / *Der barocke Lustgarten wurde 1829 der damaligen Mode entsprechend in einen Landschaftspark umgewandelt. Davon zeugen heute noch die alten Bäume wie Eschen und Spitzahorn, Robinie und Platane, Buchsbaum und Eibe. Vor dem Gebäude wurden jetzt Rosen gepflanzt und ein Rondeau mit Sommerblumen liegt etwas einsam im Rasen. Wenig genutzt überrascht dieser „Hortus conclusus" durch seine unerwartete Präsenz im Stadtzentrum.*

VERWUNSCHENE PARKLANDSCHAFTEN / 203 /

2 / *Stumme Zeugen der Vergangenheit wie steinerne Vasen und Statuen berichten uns von den Moden, Wünschen und Vorstellungen der Aristokratie. Wer damals Geld und Macht hatte, nutzte sie auch, um sich zu verewigen. Und auch heute noch erfreuen wir uns an der Betrachtung von Garten und Kunst und spüren vielleicht noch den Hauch des Genies von Mozart, der hier wahrscheinlich ein- und ausgegangen ist.*

ANREGUNGEN UND TIPPS AUS DER WIENER GARTENSZENERIE

GÄRTNEREIEN-VIELFALT

Bio-Feigenhof	1110 Wien, Am Himmelreich 325	+43 1 3187074	www.feigenhof.at
Bio-Gärtnerei Bach	1220 Wien, Contiweg 165	+43 1 2809534	www.gaertnerei-bach.at
Dahliengärtnerei Wirth	1180 Wien, Leschetitzkygasse 11	+43 1 4795383	www.dahlienwirth.at
Gartencenter Starkl Wien	1110 Wien, Paul-Heysegasse 5	+43 1 7674840	www.starkl.at
Michel's Gartenmarkt	1140 Wien, Karl-Bekehrtystraße 2	+43 1 4197335	www.michels-gartenmarkt.at

FLORISTIK, GRÜNRAUM UND MEHR

Blumenkraft	1040 Wien, Schleifmühlgasse 4	+43 1 5857727	www.blumenkraft.at
Römische Markthalle im Börsegebäude	1010 Wien, Schottenring 16	+43 1 5320677	www.lederleitner.at
Wildwuchs, Der Blumenladen im 2ten	1020 Wien, Ennsgasse 7	+43 1 7268375	www.wildwuchs.co.at
zweigstelle – der blumenladen	1090 Wien, Porzellangasse 4	+43 1 3156698	www.zweigstelle.com
Grüne Mischung	1060 Wien, Hirschengasse 3	+43 (0) 676 9251430	www.gruenemischung.at
Verdarium im Stilwerk	1020 Wien, Praterstraße 1	+43 1 2121309	www.verdarium.at

KULINARISCHES

Blühendes Konfekt Michael Diewald	1060 Wien, Schmalzhofgasse 19	+43 (0)660 3411985	www.bluehendes-konfekt.com
Palmenhaus Café-Brasserie-Bar	1010 Wien, Burggarten 1	+43 1 5331033	www.palmenhaus.at
Restaurant Hansen Essen und Trinken im Börsegebäude	1010 Wien, Wipplingerstraße 34	+43 1 5320542	www.hansen.co.at

GARTENFREUDEN TEILEN

Acanthus – Gartenklub der österreichischen Lustgärtner, Grünfinger & Rosenfeen	www.lustgaertner.at

UNTERSTÜTZUNG FÜR EIN GRÜNES WIEN

Förderung für Innenhof- und Vertikalbegrünung Förderung für Dachbegrünung	Wiener Parks und Gärten – Wiener Stadtgärten (MA 42), 1030 Wien, Johannesgasse 35	+43 1 4000-8042	www.park.wien.at

VERANSTALTUNGEN

Raritätenbörse im Botanischen Garten der Universität Wien	1030 Wien, Rennweg 14	im April	www.botanik.univie.ac.at/hbv
Salon Jardin im Schlosspark Hetzendorf	1120 Wien, Hetzendorferstraße 79	im Mai	www.salonjardin.at
Flora Mirabilis – Wiens herbstliche Gartentage		im Oktober	www.floramirabilis.at

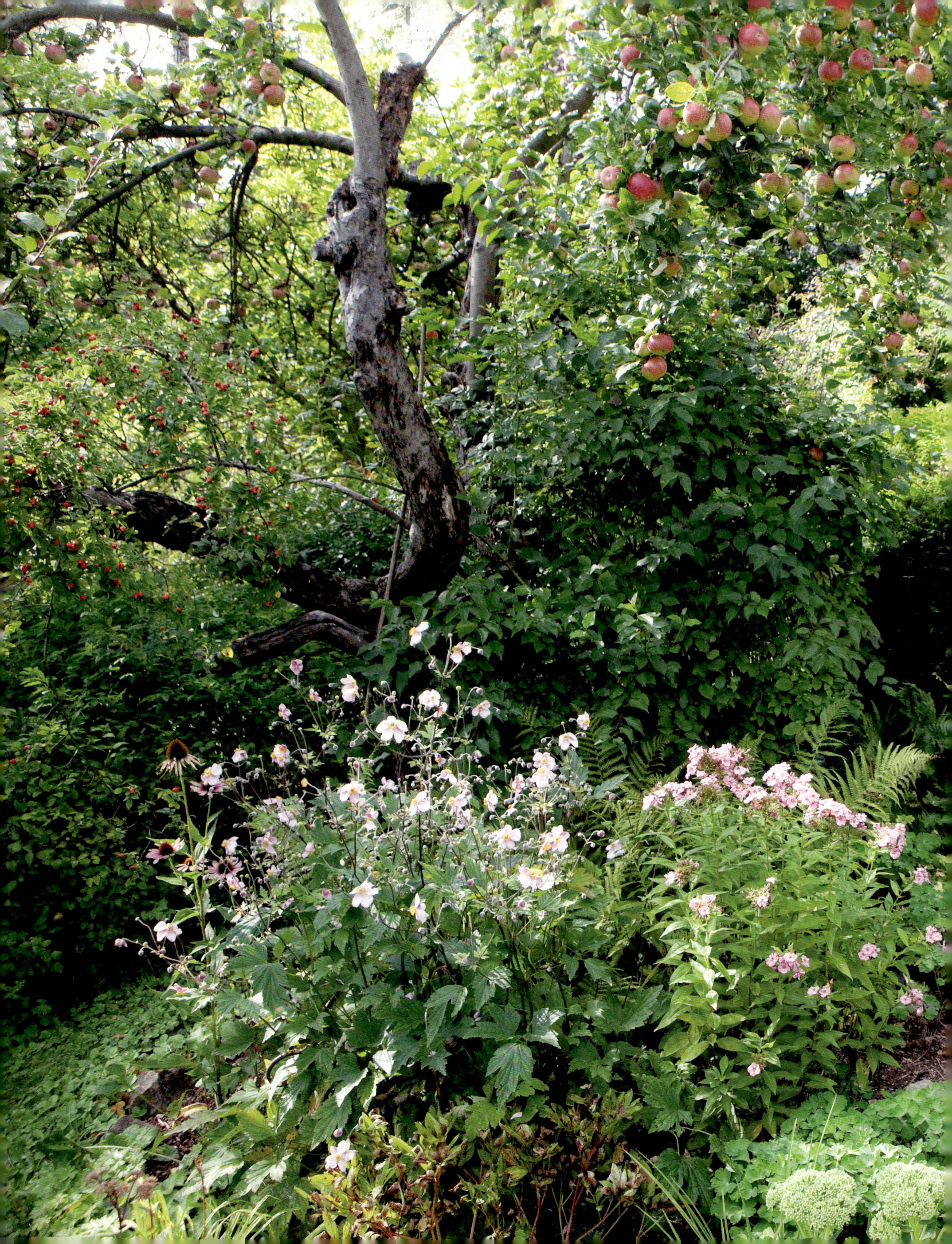

HERZLICHST BEDANKEN MÖCHTEN WIR UNS ...

… an erster Stelle bei allen Gartenbesitzern, Gestaltern und Verwaltern, die uns bereitwillig, voller Stolz und Freude ihre Gärten öffneten, um der Welt zu zeigen, wie vielfältig und speziell private Gärten in Wien sein können!

❦

Danke für alle wichtigen Informationen zur Recherche an Beatrix und Géza Hajós, Eva Berger und Gerda Janouschek. Danke für die bereitwillige, literarische Leihgabe an Maria Auböck, an „Stadtspionin" Sabine Maier für die Weitergabe grüner Tipps, an Christian und Nikolaus Brandstätter und an Elisabeth Hölzl für das jahrelange Vertrauen und die wunderbare Zusammenarbeit, an Christoph Kaiser für die fabelhafte grafische Umsetzung und an Ulrike Müller-Kaspar für das einfühlsame Lektorat!

❦

Ruth Wegerer und Harald Eisenberger

IMPRESSUM

Bibliografische Information der Deutschen Nationalbibliothek
Die Deutsche Nationalbibliothek verzeichnet diese Publikation in der
Deutschen Nationalbibliografie; detaillierte bibliografische Daten sind im
Internet über http://dnb.d-nb.de abrufbar.

1. Auflage

Grafische Gestaltung: Christoph Kaiser, C21 new media design, www.c21.at
Lektorat: Ulrike Müller-Kaspar
Druck: Grasl Druck und Neue Medien, Bad Vöslau
Schrift: DTL Documenta
Papier: Hello Fat matt

Copyright © 2012 by Christian Brandstätter Verlag, Wien

Alle Rechte, auch die des auszugsweisen Abdrucks oder der Reproduktion
einer Abbildung, sind vorbehalten. Das Werk einschließlich aller seiner
Teile ist urheberrechtlich geschützt. Jede Verwertung ohne Zustimmung
des Verlages ist unzulässig. Dies gilt insbesondere für Vervielfältigungen,
Übersetzungen, Mikroverfilmungen und die Einspeicherung und Verarbeitung in elektronischen Systemen.

ISBN 978-3-85033-391-7

Christian Brandstätter Verlag GmbH & Co KG
A-1080 Wien, Wickenburggasse 26
Telefon (+43-1) 512 15 43-0
Telefax (+43-1) 512 15 43-231
E-Mail: info@cbv.at
www.cbv.at

Designed and printed in Austria

QUELLEN DER INSPIRATION

Eva Berger, *Historische Gärten Österreichs / Garten- und Parkanlagen von der Renaissance bis um 1930*, Böhlau Verlag 2004
Maria Auböck, *Die Gärten der Wiener*, Presse- und Informationsdienst der Stadt Wien 1975
Alfred Auer (Hg.), *Wien und seine Gärten*, J&V 1974
Jacqueline & Werner Hofmann (Hg.), *Wien*, Prestel Verlag München 1964
Arthur Roessler, *Von Wien und seinen Gärten*, Buch- und Kunstverlag Gerlach & Wiedling Wien 1946

36